lecker
&
günstig

lecker
&
günstig

DORLING KINDERSLEY

INHALT

Suppen

Hühnersuppe mit Nudeln

Für 4–6 Personen

1,25 kg Hähnchenflügel
2 Selleriestangen, gewürfelt
1 Möhre, gewürfelt
1 Zwiebel, gewürfelt
1 Lorbeerblatt
1 Thymianzweig
4 Stängel Petersilie
1 TL Salz
50 g dünne Suppennudeln
1 Hähnchenbrustfilet, klein gewürfelt
Schnittlauchröllchen, zum Bestreuen

Die Hähnchenflügel kalt abspülen. Mit Sellerie, Möhre, Zwiebel, Lorbeerblatt, Thymian, Petersilie, Salz und 2 l Wasser in einen großen Topf geben. Alles langsam aufkochen, dann zugedeckt 1 Stunde köcheln lassen, dabei gelegentlich abschäumen. Den Topfinhalt etwas abkühlen lassen; durch ein Sieb in einen zweiten Topf gießen. Hähnchenflügel, Gemüse und Kräuter wegwerfen.

Die Brühe abkühlen lassen. Zudecken und für mindestens 1 Stunde kalt stellen, bis sich das Fett an der Oberfläche abgesetzt hat und mit einem Löffel entfernen lässt.

Die Brühe aufkochen lassen. Die Nudeln hineingeben. Die Brühe erneut aufkochen und 8 Minuten oder nach Packungsangabe köcheln lassen, bis die Nudeln gar sind. Die Hähnchenbrustwürfel in der Brühe in 4–5 Minuten gar ziehen lassen. Die Suppe mit Schnittlauch bestreuen und servieren.

Pilzsuppe

Für 4 Personen

2 EL Butter
1 Zwiebel, fein gewürfelt
12 große Champignons, fein gewürfelt
2 Knoblauchzehen, zerdrückt
2 EL trockener Sherry (Fino)
1 l Hühner- oder Gemüsebrühe
2 EL gehackte Petersilie
einige EL Sahne

Die Butter in einem großen Topf zerlassen. Die Zwiebelwürfel darin bei schwacher Hitze glasig dünsten.

Pilze und Knoblauch hinzufügen und 15–20 Minuten mitdünsten, bis die aus den Pilzen ausgetretene Flüssigkeit verdampft ist.

Den Sherry dazugeben. Die Mischung bei stärkerer Hitze kurz sprudelnd kochen, dann etwas abkühlen lassen. Im Mixer pürieren; die Brühe dazugießen und alles glatt mixen, dabei Petersilie und Sahne hinzufügen. Die Suppe in den Topf geben und heiß werden lassen. Auf Schalen oder Teller verteilen und mit Brot servieren.

Maiscremesuppe

Für 8 Personen

75 g Butter
2 große Zwiebeln, fein gewürfelt
1 Knoblauchzehe, zerdrückt
2 TL Kreuzkümmelsamen
1 l Gemüsebrühe
2 Kartoffeln, geschält, gewürfelt
400 g abgetropfte Maiskörner (Dose)
3 EL gehackte Petersilie
125 g Cheddar, gerieben
3 EL Sahne
2 EL Schnittlauchröllchen
  (nach Belieben)

Die Butter in einem großen Topf bei mittlerer bis starker Hitze zerlassen. Die Zwiebelwürfel darin in etwa 5 Minuten goldgelb braten.

Knoblauch und Kreuzkümmel hinzufügen und unter ständigem Rühren 1 Minute mitbraten. Die Brühe dazugießen und aufkochen lassen. Die Kartoffelwürfel hineingeben und die Brühe 10 Minuten köcheln lassen.

Mais und Petersilie dazugeben. Die Suppe aufkochen, dann zugedeckt bei schwächerer Hitze 10 Minuten köcheln lassen.

Den Käse unterrühren und die Suppe mit Salz und Pfeffer abschmecken; die Sahne untermischen. Die Suppe heiß werden lassen, bis der Käse schmilzt. Nach Belieben mit Schnittlauchröllchen bestreuen; sofort servieren.

Kalte Gurken-Joghurt-Suppe

Für 4 Personen

1 Salatgurke (etwa 500 g)
1 Handvoll frische Minzeblätter
1 TL getrocknete Minze
2 Knoblauchzehen, gewürfelt
125 ml Milch
500 g griechischer Sahnejoghurt
2–3 TL Zitronensaft (nach Geschmack)
3–4 Tropfen Tabasco (nach
  Geschmack)
2 EL Schnittlauchröllchen, zum
  Servieren

Die Gurken schälen und längs halbieren. Die Samen mit einem Teelöffel herausschaben. Ein Drittel vom Fruchtfleisch beiseitelegen.

Das restliche Fruchtfleisch in der Küchenmaschine oder im Mixer mit Minze, Knoblauch und Milch in etwa 20 Sekunden in Intervallen (je 3–4 Sekunden) pürieren. Joghurt, Zitronensaft und Tabasco sowie Salz und Pfeffer untermixen. Die Suppe in eine Schüssel füllen, zudecken und mindestens 2 Stunden kalt stellen, damit sich die Aromen verbinden können.

Das restliche Gurkenfruchtfleisch fein würfeln. Die Suppe in Schalen oder tiefe Teller schöpfen, mit Gurkenwürfeln und Schnittlauchröllchen bestreuen und servieren.

Tipp: Die Suppe sollte noch am Tag der Zubereitung gegessen werden. Zum Einfrieren ist sie ungeeignet.

Bohnensuppe mit Nudeln

Für 4 Personen

200 g getrocknete Borlotti-Bohnen
  (siehe Tipp)
2 EL Olivenöl
100 g durchwachsener Speck, fein
  gewürfelt
1 Zwiebel, fein gewürfelt
2 Knoblauchzehen, zerdrückt
1 Selleriestange, in dünne Scheiben
  geschnitten
1 Möhre, gewürfelt
1 Lorbeerblatt
1 Rosmarinzweig
1 Stängel Petersilie
1 Dose gehackte Tomaten (400 g)
1,5 l Gemüsebrühe
2 EL fein gehackte Petersilie
250 g kleine Suppennudeln
  (z. B. Ditalini)
Olivenöl, zum Beträufeln
geriebener Parmesan, zum Bestreuen

Die Bohnen in einer großen Schüssel
mit kaltem Wasser bedecken. Über
Nacht einweichen, dann abgießen und
kalt abspülen.

Das Öl in einem großen Topf bei mittlerer Hitze heiß werden lassen. Den
Speck darin mit Zwiebel, Knoblauch,
Sellerie und Möhre goldbraun braten.
Lorbeer, Rosmarin, Petersilie, Tomaten, Brühe und Bohnen dazugeben.
Alles aufkochen, dann etwa 1½ Stunden köcheln lassen, bis die Bohnen
weich sind. Falls nötig, heißes Wasser
hinzufügen.

Lorbeer, Rosmarin und Petersilie
entfernen. 250 ml von der Mischung in
der Küchenmaschine pürieren, dann
wieder in den Topf geben. Die Suppe
mit Salz und Pfeffer abschmecken;
Petersilie und Nudeln untermischen.
Die Suppe etwa 6 Minuten köcheln
lassen, bis die Nudeln weich sind
(Packungsangabe beachten). Vom
Herd nehmen und 10 Minuten abkühlen lassen. Zum Servieren mit Olivenöl
beträufeln und mit Parmesan und
(nach Belieben) mit schwarzem Pfeffer
bestreuen.

Tipp: Sie können 2 Dosen Borlotti-
Bohnen (je 400 g) verwenden. Die
Bohnen in ein Sieb schütten und kalt
abspülen; abtropfen lassen. Mit dem
Gemüse 30 Minuten köcheln lassen.

Rote-Bete-Eintopf
mit Rindfleisch

Für 4 Personen

2 EL Olivenöl
1 Zwiebel, gewürfelt
2 Knoblauchzehen, zerdrückt
1 l Rinderbrühe
500 g Rinderschulter, in 2 cm große
  Würfel geschnitten
2 kleine Rote Beten, geputzt,
  gebürstet
200 g gehackte Tomaten (Dose)
1 Möhre, in 1 cm große Würfel
  geschnitten
2 Kartoffeln, geschält, in 1 cm große
  Würfel geschnitten
200 g Weißkohl, in dünne Streifen
  geschnitten oder gehobelt
2 TL Zitronensaft
2 TL Zucker
2 EL gehackte Petersilie
2 EL gehackter Dill
4 EL saure Sahne

Den Backofen auf 200 °C vorheizen.
Das Olivenöl in einem großen Topf bei
mittlerer Hitze heiß werden lassen.
Zwiebel und Knoblauch darin unter
Rühren 5 Minuten dünsten. Die Brühe
mit 1 l Wasser und dem Fleisch hinzufügen. Aufkochen und zugedeckt
1 ¼ Stunde köcheln lassen, bis das
Fleisch weich ist. Das Fleisch aus
der Flüssigkeit heben.

In der Zwischenzeit die Roten Beten
einzeln in Alufolie wickeln. Im heißen
Ofen 30–40 Minuten garen, bis sie
weich sind. Auswickeln und zum Abkühlen beiseitelegen; schälen und in
1 cm große Stücke schneiden (dabei
möglichst Küchenhandschuhe tragen).

Die Flüssigkeit im Topf aufkochen
lassen. Tomaten, Möhre, Kartoffeln
und Salz (nach Geschmack) hineingeben. Bei mittlerer Hitze zugedeckt
etwa 10 Minuten köcheln lassen, bis
das Gemüse weich ist. Den Kohl hinzufügen und 5 Minuten mitgaren.

Das Fleisch mit Roter Bete, Zitronensaft, Zucker und je 1 ½ TL Petersilie
und Dill dazugeben. Alles 2 Minuten
lang erhitzen. Den Eintopf abschmecken und auf vorgewärmte Suppenteller verteilen. Jede Portion mit
1 EL saurer Sahne und den restlichen
Kräutern garnieren. Am besten mit
Bauernbrot servieren.

Tomatensuppe mit Mandeln und Basilikum

Für 4 Personen

2 EL Olivenöl
1 kg vollreife aromatische Tomaten
1 große Zwiebel, fein gewürfelt
2 Knoblauchzehen, in dünne Scheiben
  geschnitten
50 g gehäutete Mandeln, grob gehackt
2 Handvoll Basilikumblätter, in Stücke
  gezupft
750 ml Hühnerbrühe

Den Backofen auf 180 °C vorheizen. Ein Backblech mit etwas Olivenöl bepinseln. Die Tomaten halbieren und entkernen. Mit den Schnittflächen nach unten auf das Blech legen und im heißen Ofen 15 Minuten rösten. Herausnehmen und kurz abkühlen lassen, dann häuten und grob hacken.

Das restliche Öl in einem großen Topf bei schwacher bis mittlerer Hitze heiß werden lassen. Die Zwiebelwürfel darin mit dem Knoblauch unter Rühren in 5–6 Minuten glasig dünsten. Tomaten, Mandeln und die Hälfte des Basilikums hinzufügen. Alles unter gelegentlichem Rühren 5 Minuten dünsten.

Die Mischung in die Küchenmaschine füllen und in 15–20 Sekunden glatt pürieren.

Das Püree in den Topf geben. Die Brühe unterrühren und alles bei mittlerer bis starker Hitze aufkochen lassen. Das restliche Basilikum sowie Salz und Pfeffer nach Geschmack untermischen. Sofort servieren.

Kartoffel-Spinat-Suppe mit Hähnchenfleisch

Für 6 Personen

1 EL Öl
1 kg Hähnchenteile
1 Möhre, gewürfelt
2 Selleriestangen, gewürfelt
1 Zwiebel, gewürfelt
6 schwarze Pfefferkörner
2 Knoblauchzehen, gewürfelt
1 Kräutersträußchen (Petersilie, Thymian, Lorbeer)
500 g mehligkochende Kartoffeln, gewürfelt
500 g junger Blattspinat
125 g Sahne

Das Öl in einem großen Topf heiß werden lassen. Die Hähnchenteile darin portionsweise rundherum kräftig anbraten. Das Fett bis auf 1 EL aus dem Topf gießen. Das Fleisch mit Möhre, Sellerie, Zwiebel, Pfefferkörnern, Knoblauch und Kräutersträußchen in den Topf geben. 1,5 l Wasser dazugießen.

Die Suppe aufkochen und 40 Minuten köcheln lassen. Durch ein Sieb in einen Topf gießen; Gemüse, Pfefferkörner und Kräuter wegwerfen. Das Fleisch von den Knochen lösen und in Streifen schneiden; beiseitelegen.

Die Kartoffelwürfel in die Brühe geben. Die Brühe aufkochen und köcheln lassen, bis die Kartoffeln weich sind. Den Spinat hinzufügen und zusammenfallen lassen. Die Suppe portionsweise in der Küchenmaschine oder mit dem Stabmixer direkt im Topf pürieren.

Die Sahne unter die Suppe rühren. Die Suppe mit Salz und Pfeffer abschmecken; in sechs Suppenschalen oder tiefe Teller schöpfen und auf jede Portion etwas Hähnchenfleisch geben.

Gemüsesuppe mit Bohnen und Kürbis

Für 6 Personen

1 Dose Kidney- oder Borlotti-Bohnen (400 g)
1 EL Olivenöl
1 Lauchstange, längs halbiert, quer in Streifen geschnitten
1 kleine Zwiebel, gewürfelt
2 Möhren, gewürfelt
2 Selleriestangen, gewürfelt
1 große Zucchini, gewürfelt
1 EL Tomatenmark
1 l Gemüsebrühe
400 g Kürbisfruchtfleisch, in 2 cm große Würfel geschnitten
2 Kartoffeln, in 2 cm große Stücke geschnitten

Die Bohnen in ein Sieb schütten, kalt abspülen und gut abtropfen lassen.

Das Öl in einem großen Topf bei mittlerer Hitze heiß werden lassen. Lauch und Zwiebel darin in 2–3 Minuten weich dünsten. Möhren, Sellerie und Zucchini hinzufügen und 3–4 Minuten mitdünsten. Das Tomatenmark zum Gemüse geben und alles 1 Minute rühren. Die Brühe und 500 ml Wasser dazugießen. Aufkochen und bei schwacher Hitze 20 Minuten zugedeckt köcheln lassen.

Anschließend Kürbis, Tomaten und Bohnen in den Topf geben und in der köchelnden Flüssigkeit zugedeckt etwa 20 Minuten garen. Die Suppe mit Salz und Pfeffer abschmecken und sofort servieren. Dazu passt hervorragend Weizenvollkornbrot.

Rosenkohlcremesuppe mit Lauch

Für 4 Personen

1 EL Olivenöl
2 Scheiben Frühstücksspeck (Bacon),
  gewürfelt
2 Knoblauchzehen, gehackt
3 Stangen Lauch (nur die weißen
  Teile), in Ringe geschnitten
300 g Rosenkohl, grob gehackt
750 ml Hühnerbrühe
150 g Sahne oder 150 ml Milch
4 Scheiben Weißbrot, geröstet, zum
  Servieren

Das Öl in einem großen Topf bei mittlerer Hitze heiß werden lassen. Die Speckwürfel darin 3 Minuten braten. Knoblauch und Lauch hinzufügen und alles zugedeckt unter häufigem Rühren 5 Minuten dünsten. Den Rosenkohl untermischen und alles zugedeckt unter häufigem Rühren weitere 5 Minuten garen.

Die Brühe sowie Salz und Pfeffer nach Geschmack dazugeben. Aufkochen und bei schwacher Hitze 10 Minuten köcheln lassen, bis das Gemüse sehr weich ist. Den Topf vom Herd nehmen und die Suppe 10 Minuten abkühlen lassen.

Die Suppe direkt im Topf mit dem Stabmixer in 25–30 Sekunden pürieren. Sahne oder Milch unterrühren und die Suppe erneut heiß werden lassen. Mit dem gerösteten Brot servieren.

Tipp: Für Vegetarier einfach den Speck weglassen und Gemüse- statt Hühnerbrühe verwenden.

Indische Hühnersuppe

Für 4 Personen

30 g Ghee oder Butterschmalz
ausgelöstes Fleisch von 2 Hähnchen-
schenkeln
1 große Zwiebel, fein gewürfelt
1 Apfel, geschält, gewürfelt
1 EL Currypaste
2 EL Mehl
750 ml Hühnerbrühe
50 g Basmati-Reis
1 EL Mango-Chutney
1 EL Limetten- oder Zitronensaft
50 g Sahne

Ghee oder Butterschmalz in einem
großen Topf zerlassen. Das Hähnchenfleisch darin 5 Minuten anbraten;
herausnehmen. Zwiebel- und Apfel-
würfel sowie die Currypaste in den
Topf geben und alles bei schwacher
Hitze 5 Minuten braten. Das Mehl
unterrühren und 2 Minuten anschwitzen, dann die Hälfte der Brühe dazugießen. Rühren, bis die Mischung
kocht und dick wird.

Das Fleisch und die restliche Brühe
in den Topf geben. Rühren, bis die
Flüssigkeit kocht, dann zudecken und
30 Minuten köcheln lassen. Nach
15 Minuten den Reis untermischen.

Das Fleisch aus dem Topf nehmen
und in Streifen zupfen oder schneiden;
wieder in die Suppe geben. Die Suppe
mit Chutney, Limetten- oder Zitronensaft und Sahne verfeinern, mit Salz
und Pfeffer abschmecken und sofort
servieren.

Tipp: Statt des ausgelösten Hähn-
chenschenkelfleisches kann man
Hähnchenbrustfilet nehmen. In diesem
Fall die Suppe nur 20 Minuten kochen
lassen, damit das Fleisch nicht zu
trocken wird.

Kürbis-Linsen-Suppe indische Art

Für 4 Personen

2 EL Olivenöl
1 große Zwiebel, gewürfelt
3 Knoblauchzehen, gewürfelt
1 TL gemahlene Kurkuma
½ TL gemahlener Koriander
½ TL gemahlener Kreuzkümmel
½ TL Chiliflocken
700 g Kürbisfruchtfleisch, gewürfelt
125 g rote Linsen, abgespült, abgetropft
1 l kochendes Wasser
100 g Joghurt, zum Servieren

Das Öl in einem großen Topf bei mittlerer Hitze heiß werden lassen. Die Zwiebelwürfel mit dem Knoblauch darin in 5 Minuten glasig dünsten. Kurkuma, Koriander, Kreuzkümmel und Chiliflocken hinzufügen und unter ständigem Rühren 2 Minuten mitdünsten.

Kürbis, Linsen und kochendes Wasser dazugeben. Alles aufkochen, dann zugedeckt 20 Minuten köcheln lassen, bis Kürbis und Linsen weich sind. 5 Minuten abkühlen lassen.

Die Suppe mit dem Stabmixer direkt im Topf in 25–35 Sekunden glatt pürieren. Mit Salz und Pfeffer abschmecken und erneut heiß werden lassen.

In vier Schalen oder tiefe Teller schöpfen. Vor dem Servieren den Joghurt auf die Portionen löffeln und etwas schwarzen Pfeffer darübermahlen.

Mexikanische Bohnensuppe

Für 6 Personen

150 g getrocknete Kidneybohnen
150 g getrocknete schwarze Bohnen
(siehe Tipp)
1 EL Öl
1 Zwiebel, gewürfelt
2 Knoblauchzehen, zerdrückt
1/2–1 TL Chilipulver
1 EL gemahlener Kreuzkümmel
2 TL gemahlener Koriander
2 Dosen gehackte Tomaten (je 400 g)
750 ml Gemüsebrühe
1 rote Paprikaschote, gewürfelt
1 grüne Paprikaschote, gewürfelt
1 Dose Maiskörner (425 ml)
2 EL Tomatenmark
geriebener Cheddar, zum Bestreuen
saure Sahne, zum Garnieren

Kidneybohnen und schwarze Bohnen getrennt voneinander in Schüsseln geben. Mit kaltem Wasser bedecken und über Nacht einweichen. Am nächsten Tag abgießen. Alle Bohnenkerne in einen großen Topf füllen und mit Wasser bedecken. Das Wasser aufkochen und 45 Minuten köcheln lassen, bis die Bohnen weich sind; abgießen.

Den Topf innen trocknen, Das Öl hineingeben und bei mittlerer Hitze heiß werden lassen. Die Zwiebelwürfel darin glasig dünsten. Knoblauch, Chilipulver, Kreuzkümmel und Koriander hinzufügen und 1 Minuten mitdünsten. Anschließend Tomaten, Brühe, Paprika, Mais und Tomatenmark unterrühren. Das Ganze unter gelegentlichem Rühren zugedeckt 25–30 Minuten köcheln lassen; 10 Minuten vor Ablauf der Garzeit die Bohnen untermischen.

Die Suppe auf tiefe Teller verteilen, mit Cheddar bestreuen und mit saurer Sahne garnieren. Sofort servieren.

Tipp: Schwarze Bohnen stammen aus Mexiko und sind auch unter dem Namen *frijoles negras* oder *turtle beans* im Handel.

Scharfe Hühnerkraftbrühe mit Koriandernudeln

Für 4 Personen

1 große Hähnchenkeule, gehäutet, entbeint
2 Möhren, klein gewürfelt
2 Selleriestangen, klein gewürfelt
2 kleine Lauchstangen, klein gewürfelt
3 Eiweiß
1,5 l Hühnerbrühe
Tabascosauce, nach Geschmack

Koriandernudeln
50 g Mehl
1 Ei
½ TL Sesamöl
1 Handvoll Korianderblätter

Fleisch und Gemüse in einen großen Topf füllen, das Fleisch dabei zur Seite schieben. Eiweiße zum Gemüse geben und mit einem Schneebesen schaumig schlagen. Die Brühe in einem zweiten Topf erwärmen; nach und nach unter ständigem Schlagen unter die Eiweiße mischen.

Die Brühe unter ständigem Schlagen aufkochen lassen. In der Mitte des Schaums ein Loch formen, die Brühe offen 30 Minuten köcheln lassen, dabei nicht rühren. Ein Sieb auf eine große Schüssel setzen und mit einem feuchten Geschirrtuch auskleiden. Die Brühe hineingießen und mit Salz, Pfeffer und Tabasco abschmecken. Fleisch und Gemüse wegwerfen.

Für die Nudeln das Mehl in eine Schüssel sieben; Mulde hineindrücken. Ei und Öl verquirlen; in die Mulde geben. Alles zu einem weichen Teig verarbeiten. Auf einer bemehlten Fläche in etwa 2 Minuten glatt kneten. In vier Portionen teilen. Eine Portion sehr dünn ausrollen (mit der Nudelmaschine). Darauf mit etwas Abstand zueinander Korianderblätter verteilen. Zweite Teigportion ausrollen; die Blätter damit bedecken. Mit restlichem Teig und restlichem Koriander ebenso verfahren. Nudelteig um die Blättchen ´ in Quadrate schneiden. In der köchelnden Kraftbrühe in 1 Minute garen.

Cremesuppe
mit Räucherfisch

Für 4–6 Personen

350 g Räucherfischfilet mit Haut
   (z. B. Lachsforelle)
1 Kartoffel, geschält, gewürfelt
1 Selleriestange, gewürfelt
1 Zwiebel, fein gewürfelt
50 g Butter
1 Scheibe Frühstücksspeck (Bacon),
   fein gewürfelt
2 EL Mehl
½ TL Senfpulver oder 1 sTL Senf
½ TL Worcestersauce
250 ml Milch
1 Handvoll gehackte Petersilie
50 g Sahne (nach Belieben)

Um Fischbrühe herzustellen, den Fisch in einer Pfanne mit Wasser bedecken. Aufkochen und 5 Minuten köcheln lassen, bis sich der Fisch leicht zerpflücken lässt. Abgießen, die Brühe dabei auffangen. Das Fischfilet häuten, entgräten und zerpflücken.

Kartoffel, Sellerie und Zwiebel in einen Topf geben und mit einem Teil der Fischbrühe bedecken. Die Brühe aufkochen und etwa 8 Minuten köcheln lassen, bis Kartoffel- Sellerie- und Zwiebelwürfel weich sind.

Die Butter in einem großen Topf bei schwacher Hitze zerlassen. Den Speck darin bei mittlerer bis starker Hitze unter Rühren 3 Minuten braten. Das Mehl mit Senfpulver oder Senf und der Worcestersauce hinzufügen und alles glatt verrühren. 1 Minute anschwitzen, dann den Topf vom Herd nehmen und nach und nach unter ständigem Rühren die Milch hineingießen. Den Topf wieder auf den Herd stellen und die Flüssigkeit 5 Minuten rühren, bis sie aufkocht und angedickt ist. Die Kartoffelmischung und die restliche Brühe unterrühren, dann Petersilie und Fisch untermischen. Die Suppe bei schwacher Hitze 5 Minuten köcheln lassen. Abschmecken und, nach Belieben, mit Sahne servieren.

Süßkartoffel-Erbsen-Suppe

Für 4 Personen

75 ml Olivenöl
1 große Zwiebel, gewürfelt
2 Knoblauchzehen, fein gewürfelt
2 TL geriebener Ingwer
125 g gelbe Spalterbsen
1 rote Chilischote, entkernt, in Streifen
   geschnitten
½ TL edelsüßes Paprikapulver (möglichst geräuchertes Pimentón)
1 l Hühnerbrühe
500 g Süßkartoffeln, geschält,
   gewürfelt
1 EL fein gehackte Minze

In einem großen Topf 1 EL Öl bei mittlerer Hitze heiß werden lassen. Die
Zwiebelwürfel mit Knoblauch und
Ingwer darin in 4–5 Minuten goldgelb
braten. Erbsen, Chili und Paprikapulver untermischen und 1 Minute
mitbraten. Die Brühe dazugießen; aufkochen und 20 Minuten köcheln lassen.

Die Süßkartoffeln hinzufügen. Alles zugedeckt etwa 15 Minuten köcheln lassen, bis die Kartoffelwürfel weich sind.

Inzwischen das restliche Öl in einem
kleinen Topf bei schwacher Hitze erwärmen. Die Minze hineinrühren und
den Topf sofort vom Herd nehmen. Öl
und Minze in ein Schälchen umfüllen.

Den Topf mit der Suppe vom Herd
nehmen. Die Suppe mit dem Stabmixer in etwa 30 Sekunden pürieren.

Die Suppe auf vier Schalen oder tiefe
Teller verteilen, mit etwas Minze-Öl
beträufeln und mit dem restlichen
Minze-Öl servieren.

Hühnersuppe mit Spinat und Nudeln

Für 4 Personen

1 EL Olivenöl
1 Stange Lauch, längs geviertelt, die
  Viertel quer in Streifen geschnitten
2 Knoblauchzehen, zerdrückt
1 TL gemahlener Kreuzkümmel
1,5 l Hühnerbrühe
500 g Hähnchenbrustfilet
200 g Orzo (Risoni; reiskornförmige
  Nudeln)
150 g junger Blattspinat, grob gehackt
1 EL gehackte Dillspitzen
2 TL Zitronensaft

Das Öl in einem großen Topf bei schwacher Hitze heiß werden lassen. Die Lauchstreifen darin unter Rühren in 8–10 Minuten weich dünsten. Knoblauch und Kreuzkümmel hinzufügen und 1 Minute mitdünsten.

Die Brühe angießen und bei starker Hitze aufkochen lassen. Bei schwacher Hitze die Hähnchenbrustfilets hineingeben und die Brühe zugedeckt 8 Minuten köcheln lassen. Das Fleisch herausheben, die Brühe zugedeckt bei schwacher Hitze weiter köcheln lassen. Das Fleisch abkühlen lassen, dann in Streifen schneiden.

Die Nudeln in die köchelnde Brühe geben und nach Packungsangabe darin bissfest garen.

Den Spinat mit Dill und Fleisch in den Topf geben und in etwa 2 Minuten zusammenfallen lassen. Den Zitronensaft in die Suppe rühren. Die Suppe mit Salz und Pfeffer abschmecken; sofort servieren.

Gazpacho

Für 4 Personen

2 Scheiben Weißbrot vom Vortag,
  entrindet, in Stücke zerteilt
1 kg vollreife Tomaten, gehäutet, entkernt, gewürfelt
1 rote Paprikaschote, in Stücke
  geschnitten
2 Knoblauchzehen, gehackt
1 kleine grüne Chilischote, gehackt
  (nach Belieben)
1 TL Puderzucker
2 EL Rotweinessig, nach Bedarf mehr
2 EL Olivenöl

Garnitur
1 Stück Bio-Salatgurke (etwa 125 g),
  entkernt, fein gewürfelt
1/2 rote Paprikaschote, fein gewürfelt
1/2 grüne Paprikaschote, fein gewürfelt
1/2 rote Zwiebel, fein gewürfelt
1/2 vollreife Tomate, gewürfelt

Das Brot 5 Minuten in kaltem Wasser
einweichen; ausdrücken. Mit Tomaten,
Paprika, Knoblauch, Chili, Zucker und
Essig im Mixer glatt pürieren.

Bei laufendem Motor nach und nach
das Öl dazugießen; die Suppe abschmecken und mindestens 2 Stunden kalt stellen. Falls nötig, noch
etwas Rotweinessig untermischen.

Die Zutaten für die Garnitur mischen.
Die gekühlte Suppe in Schalen oder
tiefe Teller schöpfen. Etwas von der
Garnitur darauf verteilen, den Rest
separat servieren.

Kichererbsensuppe mit Kräuterklößchen

Für 4 Personen

1 EL Öl
1 Zwiebel, gewürfelt
2 Knoblauchzehen, zerdrückt
2 TL gemahlener Kreuzkümmel
1 TL gemahlener Koriander
¼ TL Cayennepfeffer
1 Dose Kichererbsen (400 g)
800 ml Gemüsebrühe
2 Dosen gehackte Tomaten (je 400 g)
1 EL gehacktes Koriandergrün

Klöße
125 g Mehl
1 Messerspitze Backpulver
25 g Butter, in Stückchen
2 EL geriebener Parmesan
2 EL gehackte Kräuter (z.B. Schnittlauch, Petersilie und Koriandergrün)
50 ml Milch

Das Öl in einem Topf bei mittlerer Hitze heiß werden lassen. Die Zwiebelwürfel darin in 2–3 Minuten glasig dünsten. Knoblauch, Kreuzkümmel, Koriander und Cayennepfeffer untermischen und 1 Minute mitdünsten.

Kichererbsen in ein Sieb schütten, abspülen und abtropfen lassen. Mit Brühe und Tomaten in den Topf geben. Alles aufkochen, dann 10 Minuten zugedeckt köcheln lassen. Das Koriandergrün unterrühren.

Für die Klößchen Mehl und Backpulver in eine Schüssel sieben. Die Butterstückchen mit den Fingerspitzen mit der Mehlmischung zu Streuseln verreiben. Parmesan und Kräuter untermischen. In die Mitte eine Mulde drücken und die Milch hineingießen. Alles mit einem Messer zusammenhacken, bis die Zutaten gerade eben verbunden sind. Den Teig zu einer lockeren Kugel formen, in acht Portionen teilen und jede Portion zu einem Kloß formen.

Die Klöße in die köchelnde Suppe geben und 20 Minuten darin gar ziehen lassen. Zur Garprobe einen Holzspieß hineinstecken; haftet nach dem herausziehen kein Teig daran, sind die Klöße gar. Die Suppe mit jeweils 2 Klößen darin auf vier Schalen oder tiefe Teller verteilen, mit Pfeffer bestreuen und servieren.

Linsensuppe mit Mangold

Für 6 Personen

Hühnerbrühe
1 kg Hühnerknochen, gewaschen
1 kleine Zwiebel, grob gewürfelt
1 Lorbeerblatt
3–4 Petersilienstängel
1–2 Oregano- oder Thymianzweige

300 g braune Linsen, gewaschen
800 g Mangold
50 ml Olivenöl
1 große Zwiebel, fein gewürfelt
4 Knoblauchzehen, zerdrückt
2 großes Bund Koriandergrün,
    gehackt
75 ml Zitronensaft
Zitronenschnitze, zum Anrichten

Die Zutaten für die Brühe in einen großen Topf geben. 3 l Wasser dazugießen und aufkochen lassen, dabei abschäumen. Das Ganze bei schwacher Hitze 2 Stunden köcheln lassen. Anschließend die Brühe durch ein Sieb in einen zweiten Topf oder in eine große Schüssel gießen; Knochen, Zwiebel und Kräuter wegwerfen. Die Brühe über Nacht kalt stellen.

Am nächsten Tag das Fett von der Brühe abheben. Die Linsen in einen großen Topf geben und die Brühe mit 1 l Wasser dazugießen. Alles aufkochen und bei schwacher Hitze zugedeckt 30 Minuten köcheln lassen.

Inzwischen die Mangoldblätter von den Stielen befreien und in Streifen schneiden. Das Öl in einem Topf bei mittlerer Hitze heiß werden lassen. Die Zwiebelwürfel darin in 2–3 Minuten glasig dünsten. Den Knoblauch hinzufügen und 1 Minute mitdünsten. Die Mangoldstreifen dazugeben und unter Rühren in 2–3 Minuten zusammenfallen lassen. Die Mischung unter die Linsen rühren. Koriandergrün und Zitronensaft sowie Salz und Pfeffer (nach Geschmack) untermischen. Die Suppe zugedeckt 15–20 Minuten köcheln lassen. Mit Zitronenschnitzen servieren. Dazu passt knuspriges Brot.

Zitronige Hühnersuppe

Für 4 Personen

2 Hähnchenbrustfilets
1 unbehandelte Zitrone
1 l Hühnerbrühe
2 Zweige Zitronenthymian, mehr zum
   Servieren (siehe Tipp)

Die Hähnchenbrustfilets von sichtbarem Fett befreien. Mit einem Sparschäler von der Zitrone 3 Streifen möglichst dünn (ohne die weiße Haut) abschneiden. Die Brühe mit zwei Streifen Zitronenschale und dem Zitronenthymian in einem Topf bis kurz unter den Siedepunkt erhitzen. Das Fleisch darin in etwa 10–15 Minuten gar ziehen lassen. Inzwischen die restliche Zitronenschale in sehr feine Streifen schneiden.

Das Fleisch aus dem Topf heben, auf einen Teller legen und mit Alufolie bedecken.

Ein Sieb mit einem doppelt gelegten Mulltuch auslegen und auf einen Topf setzen. Die Brühe hineingießen. Das Fleisch in dünne Streifen schneiden und in die Brühe geben. Die Suppe heiß werden lassen; mit Salz und schwarzem Pfeffer abschmecken. Mit Zitronenthymian und Zitronenschale garnieren; sofort servieren.

Tipp: Falls Sie keinen Zitronenthymian bekommen, können Sie gewöhnlichen Thymian verwenden.

Dicke-Bohnen-Suppe

Für 6 Personen

350 g getrocknete Dicke-Bohnen-
   Kerne
2 Knoblauchzehen, geschält
1 TL gemahlener Kreuzkümmel, mehr
   zum Bestreuen
1 TL Paprikapulver, mehr zum
   Bestreuen
Olivenöl, zum Beträufeln

Die Bohnenkerne in einer Schüssel mit
1,5 l kaltem Wasser bedecken und an
einem kühlen Platz 48 Stunden einweichen, dabei das Wasser drei- bis
viermal wechseln. Anschließend abgießen und aus den Häuten drücken.

Die Bohnen in einen großen Topf
füllen. 1,25 l Wasser sowie Knoblauch
und Gewürze hinzufügen. Das Ganze
aufkochen, dann bei schwacher Hitze
zugedeckt 45–60 Minuten zugedeckt köcheln lassen, bis die Bohnen
zerfallen sind; falls nötig, mehr Wasser
angießen. Die Bohnen während des
Garens weder salzen noch umrühren.

Etwas abkühlen lassen, dann por-
tionsweise im Mixer bzw. in der
Küchenmaschine oder direkt im Topf
mit dem Stabmixer pürieren. Die
Suppe heiß werden lassen und mit
Kreuzkümmel und Paprikapulver
würzen, mit Salz und Pfeffer abschme-
cken. In Suppenschalen oder tiefe
Teller schöpfen, mit etwas Olivenöl
beträufeln und mit Paprikapulver und
Kreuzkümmel bestreuen. Dazu passt
Fladenbrot.

Möhrensuppe mit Kümmelbutter

für 6 Personen

Kümmelbutter
1 EL ganzer Kümmel
125 g weiche Butter

1 l Gemüsebrühe
250 ml Orangensaft
1 Zwiebel, gewürfelt
1 Knoblauchzehe, zerdrückt
750 g Möhren, gewürfelt

Für die Kümmelbutter die Kümmelsamen in einer Pfanne ohne Fett bei mittlerer Hitze 3–4 Minuten rösten, bis sie braun werden und Duft aufsteigt. Abkühlen lassen, dann in einer Gewürz- oder Kaffeemühle fein zerkleinern. Den Kümmel unter die Butter mischen. Die Butter auf ein Stück Frischhaltefolie geben, zu einer Rolle formen und in etwa 30 Minuten im Kühlschrank fest werden lassen.

Inzwischen Brühe und Orangensaft mit Zwiebel, Knoblauch und Möhren in einen Topf geben. Aufkochen, dann zugedeckt bei schwacher Hitze 25 Minuten köcheln lassen, bis die Möhrenwürfel weich sind.

Die Suppe glatt pürieren. Anschließend heiß werden lassen und abschmecken. Die Kümmelbutter in 5 mm dicke Scheiben schneiden.

Die Suppe in Schalen oder tiefe Teller füllen und mit je zwei Scheiben Butter garnieren. Sofort servieren. Dazu passt Mehrkornbrot.

Blumenkohl-Bohnen-Suppe mit Schinken

Für 4 Personen

2 Dosen weiße Bohnen (je 400 g)
2 EL Olivenöl
8 dünne Scheiben luftgetrockneter
  Schinken, in Stücke geschnitten
1 Zwiebel, gewürfelt
1 Knoblauchzehe, zerdrückt
800 g Blumenkohl, in Röschen zerteilt
125 g Sahne
Schnittlauchröllchen, zum Garnieren

Die Bohnen in ein Sieb schütten; abspülen und abtropfen lassen.

In einem großen Topf 1 EL Öl bei mittlerer bis starker Hitze heiß werden lassen. Den Schinken darin unter häufigem Rühren knusprig braten. Einen Teller mit Küchenpapier belegen. Die Hälfte des Schinkens daraufgeben, den Rest im Topf lassen.

Das restliche Öl (1 EL) in den Topf geben. Die Zwiebelwürfel darin bei mittlerer Hitze in etwa 5 Minuten glasig dünsten. Knoblauch und Blumenkohl hinzufügen und 3 Minuten mitdünsten.

Die Bohnen mit 1 l Wasser sowie Salz und Pfeffer dazugeben. Das Ganze aufkochen, dann zugedeckt bei schwacher Hitze 15 Minuten köcheln lassen, bis die Blumenkohlröschen weich sind. Vom Herd nehmen und 10 Minuten abkühlen lassen.

Die Suppe mit dem Stabmixer in 25 Sekunden glatt pürieren; die Sahne untermischen. Die Suppe abschmecken, mit dem restlichen Schinken und mit Schnittlauchröllchen garnieren und sofort servieren.

Cremesuppe mit Gemüse und Hähnchenbrustfilet

Für 6–8 Personen

75 g Butter
1 Zwiebel, fein gewürfelt
1 Selleriestange, fein gewürfelt
1 kleine Möhre, fein gewürfelt
2 EL edelsüßes Paprikapulver
40 g Mehl
2 l Hühnerbrühe
125 g Sahne
300 g gegartes Hähnchenbrustfilet,
    fein gewürfelt

Die Butter in enem großen Topf bei mittlerer bis starker Hitze zerlassen. Zwiebel-, Sellerie- und Möhrenwürfel darin 5 Minuten dünsten.

Das Paprikapulver untermischen und 1 Minute mitdüsten, bis Duft aufsteigt. Das Mehl hinzufügen und unter Rühren 1 Minute anschwitzen. Den Topf vom Herd nehmen.

Ein Drittel der Brühe hinzufügen; rühren, bis keine Klümpchen mehr vorhanden sind. Den Topf wieder auf den Herd stellen. Die restliche Brühe hineingießen. Die Suppe unter Rühren aufkochen und andicken lassen, dann bei schwacher Hitze zugedeckt 45–50 Minuten köcheln lassen.

Die Suppe vom Herd nehmen, Sahne und Fleisch unterrühren. Die Suppe abschmecken und sofort servieren. Dazu passt knuspriges Brot.

Wan-Tan-Suppe

Für 4 Personen

75 g rohe Garnelen
75 g Kalbshackfleisch
3 EL Sojasauce
1 EL fein gehackte Frühlingszwiebel
1 EL fein gehackte Wasserkastanien
1 TL fein gehackter frischer Ingwer
2 Knoblauchzehen, fein gewürfelt
24 Gyoza-Blätter (Asienladen) oder
   24 ausgestochene Nudelteigkreise
   (je 8 cm Ø)
1,25 l Hühnerbrühe
2 EL Mirin (süßer japanischer Reiswein)
500 g Baby-Pak-choi, in dünne
   Streifen geschnitten
8 Frühlingszwiebeln, in Ringe
   geschnitten

Die Garnelen schälen und fein hacken.
Mit Hackfleisch, 2 EL Sojasauce,
gehackter Frühlingszwiebel, Wasserkastanien, Ingwer und Knoblauch
mischen. Die Teigblätter auf einer
Arbeitsfläche ausbreiten und auf jeden
1 TL von der Mischung geben.

Die Ränder der Teigblätter mit Wasser
bepinseln. Die Blätter halbmondförmig
zusammenklappen und die Ränder
zusammendrücken. Die Wan-Tans
portionsweise in reichlich sprudelnd
kochendem Salzwasser je 4–5 Minuten garen. Abgießen und auf vier tiefe
Teller verteilen.

Die Brühe mit Mirin und der restlichen
Sojasauce (1 EL) in einen großen
Topf geben; aufkochen lassen. Den
Pak choi hineingeben und in etwa
2 Minuten zugedeckt in der köcheln-
den Brühe zusammenfallen lassen.
Die Frühlingszwiebelringe hinzufügen.
Die Suppe abschmecken und auf
die Wan-Tans schöpfen.

Französische Zwiebelsuppe

Für 4 Personen

50 g Butter
1 EL Olivenöl
1 kg Zwiebeln, in dünne Ringe
 geschnitten
1,25 l Hühner- oder Fleischbrühe
125 ml trockener Sherry (Fino)
½ Baguette
125 g geriebener Emmentaler oder
 Gruyère

Die Butter mit dem Öl in einem großen Topf zerlassen. Die Zwiebelringe darin bei schwacher Hitze unter häufigem Rühren 45 Minuten dünsten, bis sie ganz weich, aber nur leicht gebräunt sind. Diese lange Garzeit ist wichtig, damit die Zwiebelringe langsam karamellisieren und dadurch besonders aromatisch werden.

Anschließend Brühe, Sherry und 250 ml Wasser hinzufügen. Aufkochen und bei schwacher Hitze 30 Minuten köcheln lassen; abschmecken.

In der Zwischenzeit das Brot in vier dicke Scheiben schneiden und unter dem heißen Backofengrill auf einer Seite goldbraun rösten, dann wenden und die ungerösteten Seiten mit dem Käse bestreuen.

Die heiße Brühe auf vier Suppenschalen oder -teller verteilen. Die Brotscheiben mit den Käse-Seiten nach oben darauflegen. Die Suppentassen unter den heißen Grill stellen, bis der Käse auf den Broten geschmolzen und goldbraun ist.

Erbsensuppe mit Eisbein und frittierten Salbeiblättern

Für 4 Personen

2 EL Olivenöl
1 große Zwiebel, gewürfelt
3 Selleriestangen, in Scheiben geschnitten
etwa 40 Salbeiblätter
220 g grüne Spalterbsen, abgespült und abgetropft
1 geräuchertes gepökeltes Eisbein (etwa 800 g)
1 Thymianzweig
Öl, zum Braten

Das Öl in einem großen Topf bei mittlerer Hitze heiß werden lassen. Zwiebel, Sellerie und vier Salbeiblätter darin unter häufigem Rühren etwa 5 Minuten dünsten, bis Zwiebel und Sellerie weich sind. Erbsen, Eisbein, Thymian und 1,25 l Wasser hinzufügen. Das Ganze aufkochen und bei schwacher Hitze zugedeckt 1½ Stunden köcheln lassen, bis das Fleisch sich vom Knochen lösen lässt. Den Topf vom Herd nehmen, den Thymian wegwerfen.

Das Eisbein aus dem Topf nehmen. Kurz abkühlen lassen, dann das Fleisch von den Knochen lösen und in die Suppe geben; den Knochen wegwerfen. Die Suppe mit dem Stabmixer 30 Sekunden pürieren. Mit schwarzem Pfeffer und, falls nötig, mit Salz abschmecken.

Einen kleinen Topf 3 cm hoch mit Öl füllen; dieses bei starker Hitze heiß werden lassen. Die restlichen Salbeiblätter hineingeben (Vorsicht: Spritzgefahr!) und einige Sekunden frittieren, bis sie kräftig grün und knusprig sind. Mit einem Schaumlöffel herausheben, auf Küchenpapier abtropfen lassen.

Die Suppe heiß werden lassen. In vier Suppenschalen oder -schüsseln schöpfen, mit dem Salbei bestreuen und servieren. Dazu passt knuspriges Fladenbrot.

Scharfe Mais-Kokos-Suppe

Für 4 Personen

1 EL Öl
1 große Zwiebel, gewürfelt
1 Selleriestange, gewürfelt
2 Knoblauchzehen, gewürfelt
1 TL gemahlener Koriander
1½ TL gemahlener Kreuzkümmel
1–2 TL Sambal oelek (siehe Info)
500 g Kartoffeln, gewürfelt
750 ml Hühner- oder Gemüsebrühe
2 Dosen Maiskörner (je etwa 400 g)
200 ml Kokosmilch
1 Handvoll Korianderblätter, mehr
   zum Garnieren

Das Öl in einem großen Topf bei mittlerer bis schwacher Hitze heiß werden lassen. Zwiebel, Sellerie und Knoblauch darin unter Rühren 2 Minuten dünsten, dann zugedeckt bei schwacher Hitze zugedeckt unter gelegentlichem Rühren 5 Minuten garen, aber nicht braun werden lassen. Gemahlenen Koriander und Kreuzkümmel sowie 1 TL Sambal oelek hinzufügen; 1 Minute rühren. Kartoffeln und Brühe dazugeben. Das Ganze aufkochen, dann bei schwacher Hitze 15 Minuten köcheln lassen, bis die Kartoffelwürfel weich sind. Mais, Kokosmilch und Korianderblätter untermischen.

Die Suppe etwas abkühlen lassen, dann mit dem Stabmixer in etwa 15 Sekunden grob pürieren; falls nötig, etwas Wasser hinzufügen. Die Suppe erhitzen; mit Salz und schwarzem Pfeffer abschmecken. Auf vier Suppenschalen oder -teller verteilen, mit Sambal oelek nach Geschmack und etwas Koriandergrün garnieren und servieren.

Info: Sambal oelek ist eine sehr scharfe Würzpaste, die insbesondere in Malaysia, Indonesien und Singapur geschätzt wird. Sie besteht aus roten Chilis, Essig und Zucker und ist im Asienladen und auch in vielen Supermärkten erhältlich.

Suppe mit geröstetem Kürbis

Für 6 Personen

1,25 kg Kürbis, geschält, in Stücke
 geschnitten
2 EL Olivenöl
1 große Zwiebel, gewürfelt
2 TL gemahlener Kreuzkümmel
1 große Möhre, gewürfelt
1 Selleriestange, gewürfelt
1 l Gemüsebrühe
saure Sahne, gehackte Petersilie
 und geriebene Muskatnuss,
 zum Garnieren

Den Backofen auf 180 °C vorheizen. Die Kürbisstücke auf ein gefettetes Backblech legen und dünn mit 1 EL Olivenöl bestreichen. 25 Minuten backen, bis sie weich sind und an den Kanten zu bräunen beginnen.

Das restliche Öl in einem großen Topf heiß werden lassen. Die Zwiebelwürfel darin mit dem Kreuzkümmel 2 Minuten dünsten, dann Möhre und Sellerie dazugeben und unter häufigem Rühren alles noch 3 Minuten dünsten. Kürbis und Brühe hinzufügen. Das Ganze aufkochen und bei schwacher Hitze 20 Minuten köcheln lassen.

Die Mischung etwas abkühlen lassen. Portionsweise im Mixer, in der Küchenmaschine oder alles zusammen direkt im Topf mit dem Stabmixer pürieren; falls nötig, etwas Wasser hinzufügen. Die Suppe in den Topf geben und heiß werden, aber nicht kochen lassen; mit Salz und schwarzem Pfeffer abschmecken. Auf Suppenschalen oder -teller verteilen, mit saurer Sahne, Petersilie und Muskat garnieren und sofort servieren.

Tipp: Für Suppen eignet sich Butternusskürbis wegen seines süßlichen Fruchtfleisches besonders gut.

Asiatische Hühnersuppe mit Nudeln

Für 4 Personen

Chilipaste
3 getrocknete Chilischoten, grob
 gehackt
1 TL Koriandersamen
1 TL geriebener frischer Ingwer
1 Frühlingszwiebel, in Ringe
 geschnitten
1/2 TL gemahlene Kurkuma

800 ml Kokosmilch
350 g Hähnchenbrustfilet, in dünne
 Scheiben geschnitten
2 EL Sojasauce
500 ml Hühnerbrühe
400 g chinesische Eiernudeln
Erdnussöl, zum Frittieren
Frühlingszwiebeln und rote Chilischoten, in Ringe bzw. Streifen
 geschnitten, zum Garnieren

Die Zutaten für die Chilipaste in einen kleinen Topf geben. Bei schwacher Hitze 5 Minuten rühren, bis Duft aufsteigt. Im Mörser oder im Blitzhacker zu einer glatten Paste verarbeiten.

In einem Topf 250 ml Kokosmilch erhitzen. Die Chilipaste dazugeben; 2–3 Minuten rühren. Das Fleisch mit der Sojasauce untermischen und 3–4 Minuten garen. Restliche Kokosmilch und die Brühe unterrühren; aufkochen und bei schwacher Hitze 10 Minuten köcheln lassen.

Ein Viertel der Nudeln in große Stücke brechen. In heißem Erdnussöl knusprig frittieren und auf Küchenpapier abtropfen lassen. Restliche Nudeln in kochendem Wasser nach Packungsangabe bissfest garen; abgießen.

Die gekochten Nudeln auf vier Suppenschalen oder -teller verteilen und die Suppe daraufschöpfen. Die Portionen mit den frittierten Nudeln, mit Frühlingszwiebeln und Chilischoten garnieren; sofort servieren.

Lauch-Kartoffel-Suppe

Für 6 Personen

50 g Butter
1 Zwiebel, fein gewürfelt
die hellen Teile von 3 Stangen Lauch,
  in Ringe geschnitten
1 Selleriestange, fein gewürfelt
1 Knoblauchzehe, fein gewürfelt
200 g Kartoffeln, gewürfelt
750 ml Hühnerbrühe
200 g Sahne
Schnittlauchröllchen, zum Garnieren

Die Butter in einem großen Topf bei schwacher Hitze zerlassen. Zwiebel, Lauch, Sellerie und Knoblauch darin zugedeckt unter gelegentlichem Rühren etwa 15 Minuten garen, bis alles weich, aber noch nicht gebräunt ist; die Kartoffeln untermischen. Die Brühe angießen und aufkochen lassen.

Das Ganze bei schwacher Hitze zugedeckt 20 Minuten köcheln lassen. Etwas abkühlen lassen, dann im Mixer oder in der Küchenmaschine oder mit dem Stabmixer direkt im Topf pürieren.

Die Suppe, falls nötig, wieder in den Topf schütten und aufkochen lassen; die Sahne unterrühren. Mit Salz und weißem Pfeffer abschmecken und erneut heiß werden, aber nicht mehr kochen lassen. Die Suppe mit Schnittlauchröllchen garnieren. Heiß oder eiskalt servieren.

Würzige Linsensuppe

Für 4 Personen

1 Aubergine
50 ml Olivenöl
1 Zwiebel, fein gewürfelt
2 TL schwarze Senfsamen
2 TL gemahlener Kreuzkümmel
1 TL Garam Masala
1/4 TL Cayennepfeffer (nach Belieben)
2 große Möhren, gewürfelt
1 Selleriestange, gewürfelt
1 Dose gehackte Tomaten (400 g)
100 g kleine grüne Linsen
  (z. B. Puy-Linsen)
1 l Hühnerbrühe
Joghurt, zum Garnieren

Die Aubergine würfeln. Die Würfel in ein Sieb geben, salzen und 20 Minuten Wasser ziehen lassen; abspülen und mit Küchenpapier trocken tupfen.

Das Öl in einem großen Topf bei mittlerer Hitze heiß werden lassen. Die Zwiebelwürfel darin in etwa 5 Minuten glasig dünsten. Die Auberginenwürfel hinzufügen und unter Rühren etwa 3 Minuten braten, bis sie weich sind.

Die Gewürze dazugeben und 1 Minute unter Rühren mitbraten, bis Duft aufsteigt und die Senfkörner zu springen beginnen. Möhren und Sellerie hinzufügen; 1 Minute unter Rühren mitbraten. Tomaten, Linsen und Brühe dazugeben. Das Ganze aufkochen, dann bei schwacher Hitze 30 Minuten köcheln lassen, bis die Linsen weich sind und die Flüssigkeit etwas eingekocht ist. Die Suppe mit Salz und schwarzem Pfeffer abschmecken.

Die Suppe auf vier vorgewärmte Suppenteller oder -schalen verteilen, mit Joghurt garnieren und servieren.

Portugiesische Hühnerbrühe mit Reis

Für 6 Personen

2,5 l Hühnerbrühe
1 Zwiebel, in schmale Spalten
  geschnitten
1 TL abgeriebene unbehandelte
  Zitronenschale
1 Minzestängel
500 g Kartoffeln, in Stücke geschnitten
1 EL Olivenöl
2 Hähnchenbrustfilets
200 g Langkornreis
2 EL Zitronensaft
Minzeblättchen, zum Garnieren

Die Brühe mit Zwiebel, Zitronenschale, Minze, Kartoffelwürfeln und Olivenöl in einem großen Topf verrühren; aufkochen lassen. Die Hähnchenbrustfilets hinzufügen und in der schwach köchelnden Brühe in 20–25 Minuten gar ziehen lassen.

Das Fleisch aus der Brühe nehmen; den Minzezweig wegwerfen. Das Fleisch kurz abkühlen lassen, dann in dünne Scheiben schneiden.

In der Zwischenzeit den Reis in den Topf geben und in etwa 20 Minuten körnig garen. Das Fleisch mit dem Zitronensaft in den Topf geben und die Suppe unter Rühren 1–2 Minuten heiß werden lassen. Mit Salz und Pfeffer abschmecken, mit Minze garnieren und sofort servieren.

Zucchinisuppe mit Basilikum

Für 4 Personen

1 große Zwiebel, fein gewürfelt
3 Knoblauchzehen, fein gewürfelt
½ TL Koriandersamen
2 Selleriestangen, fein gewürfelt
6 Zucchini, in Stücke geschnitten
3 große festkochende Kartoffeln, in
  Stücke geschnitten
1,25 l Hühnerbrühe
125 g Crème fraîche oder saure Sahne
1 Handvoll Basilikumblätter, in Stücke
  gezupft
2 EL fein gehackte Petersilie
Meersalzflocken (Fleur de sel), zum
  Bestreuen

Die Zwiebelwürfel mit Knoblauch, Koriander, Sellerie, Zucchini, Kartoffeln und Brühe in einen großen Topf geben. Alles bei mittlerer Hitze aufkochen, dann mit halb aufgelegtem Deckel bei schwacher Hitze 12–15 Minuten köcheln lassen, bis das Gemüse weich ist.

Inzwischen die Sahne in einer kleinen Schüssel mit der Hälfte des Basilikums und aller Petersilie verrühren.

Den Topf vom Herd nehmen. Die Suppe mit dem Stabmixer in etwa 20 Sekunden nicht zu fein pürieren. Das restliche Basilikum untermischen und die Suppe mit Salz und schwarzem Pfeffer abschmecken.

Die Kräutersahne auf vier Suppenschalen oder -teller verteilen. Die Suppe daraufschöpfen, mit Meersalzflocken und schwarzem Pfeffer bestreuen und sofort servieren.

Kartoffel-Brokkoli-Suppe

Für 6 Personen

500 g Brokkoli
1 EL Öl
2 Zwiebeln, fein gewürfelt
2 Knoblauchzehen, fein gewürfelt
2 TL gemahlener Kreuzkümmel
1 TL gemahlener Koriander
750 g Kartoffeln, in Stücke geschnitten
1 l Hühnerbrühe
400 ml Milch
3 EL fein gehacktes Koriandergrün

Den Brokkoli in kleine Stücke schneiden. Das Öl in einem großen Topf bei mittlerer Hitze heiß werden lassen. Die Zwiebelwürfel mit dem Knoblauch darin in etwa 5 Minuten glasig dünsten. Kreuzkümmel und gemahlenen Koriander hinzufügen und 2 Minuten mitdünsten.

Kartoffeln und Brokkoli untermischen. Die Brühe angießen. Das Ganze zugedeckt bei schwacher Hitze 20 Minuten köcheln lassen, bis Kartoffeln und Brokkoli weich sind.

Die Suppe kurz abkühlen lassen, dann portionsweise im Mixer, in der Küchenmaschine oder direkt im Topf mit dem Stabmixer glatt pürieren. Die Suppe, falls nötig, wieder in den Topf geben und die Milch unterrühren. Heiß werden, aber nicht mehr kochen lassen. Den Koriander untermischen und die Suppe vor dem Servieren mit Salz und Pfeffer abschmecken.

Nudeln und Reis

Rigatoni mit Bratwurstbrät und Tomaten

Für 4 Personen

2 Knoblauchzehen, gewürfelt
2 TL Fenchelsamen
3 EL Olivenöl
1 Zwiebel, fein gewürfelt
4 kleine Bratwürste (vorzugsweise italienische)
1 EL gehackter Thymian
100 ml Rotwein
1 Dose gehackte Tomaten (400 g)
500 g Rigatoni
geriebener Parmesan, zum Bestreuen

Den Knoblauch mit den Fenchelsamen und etwas Salz im Mörser zerdrücken; oder den Knoblauch zerdrücken und die Samen in mahlen.

Das Öl in einem Topf bei schwacher Hitze heiß werden lassen. Die Zwiebelwürfel darin in etwa 5 Minuten glasig dünsten. Das Brät aus den Wursthüllen drücken, mit einer Gabel zerbröckeln und hinzufügen. Bei mittlerer Hitze mitbraten, bis es etwas Farbe angenommen hat; salzen und pfeffern. Knoblauch, Fenchel und Thymian dazugeben und kurz untermischen, dann den Wein angießen. Alles gut verrühren, dabei Brät, das am Topfboden anhaftet, losschaben.

Die Sauce etwa 5 Minuten köcheln lassen, bis der Wein eingekocht ist, dann die Tomaten hinzufügen und alles 10 Minuten köcheln lassen, bis die Sauce eingedickt ist.

Inzwischen die Nudeln in reichlich sprudelnd kochendem Salzwasser nach Packungsangabe bissfest garen. In ein Sieb schütten, kurz abtropfen lassen und mit der Sauce mischen. Das Gericht mit Parmesan bestreuen und sofort servieren.

Spaghetti mit Rucola und Chili

Für 4–6 Personen

500 g Spaghettini oder Spaghetti
2 EL Olivenöl
1 kleine rote Chilischote, fein gehackt
400 g Rucola
1 EL Zitronensaft
Parmesanspäne, zum Bestreuen
  (nach Belieben)

Die Pasta in reichlich sprudelnd kochendem Salzwasser nach Packungsangabe bissfest garen. In ein Sieb schütten, abtropfen lassen und wieder in den Topf geben.

In der Zwischenzeit das Öl in einer großen Pfanne bei schwacher Hitze heiß werden lassen. Die gehackte Chilischote darin 1 Minute dünsten. Den Rucola hinzufügen und unter Rühren in 2–3 Minuten zusammenfalten lassen. Mit Zitronensaft, Salz und Pfeffer abschmecken.

Die Mischung zur Pasta geben und sorgfältig untermischen. Das Gericht nach Belieben mit Parmesan bestreuen; servieren.

Chinesischer Bratreis

Für 4 Personen

2 EL Erdnussöl
2 Eier, mit Salz und Pfeffer verquirlt
2 TL Schweineschmalz (nach Belieben)
1 Zwiebel, in Spalten geschnitten
250 g gekochter Schinken, in Streifen
geschnitten
750 g gegarter Reis (siehe Tipp)
3 EL Tiefkühl-Erbsen
2 EL Sojasauce
4 Frühlingszwiebeln, in breite Ringe
geschnitten
250 g gegarte kleine Garnelen,
geschält

Im Wok oder in einer großen Pfanne 1 EL Öl heiß werden lassen. Die verquirlten Eier hineingießen und stocken lassen, dabei gestocktes Ei zur Mitte schieben und Wok oder Pfanne schräg anheben, damit noch flüssiges Ei zum Rand laufen kann. Das fertige Rührei in Stücke zupfen und auf einen Teller geben.

Das restliche Öl (1 EL) mit dem Schmalz in Wok oder Pfanne geben und durch Schwenken verteilen. Die Zwiebelspalten darin bei starker Hitze unter Rühren glasig braten. Den Schinken hinzufügen und 1 Minute unter Rühren mitbraten. Reis und Erbsen dazugeben und alles weitere 3 Minuten pfannenrühren, bis der Reis durch und durch heiß ist. Eier, Sojasauce, Frühlingszwiebeln und Garnelen untermischen. Alles heiß werden lassen; servieren.

Tipp: Für Bratreis sollte der Reis am Vortag gegart und über Nacht im Kühlschrank aufbewahrt werden – dadurch wird er trockener und lockerer.

Varianten: Dieser Bratreis ist eher Zwischenmahlzeit oder Hauptgericht als Beilage. Sie können ihn noch mit chinesischem Schweinebraten (char siu) oder chinesischer Wurst (lap cheong) anreichern. Der Schinken lässt sich durch Frühstücksspeck ersetzen.

Nudelauflauf mit Käsesauce

Für 4 Personen

250 g kurze Makkaroni
80 g Butter
1 Zwiebel, fein gewürfelt
3 EL Mehl
500 ml Milch
2 TL körniger Senf
250 g Cheddar oder Emmentaler,
  gerieben
30 g frische Brotkrumen

Die Pasta in reichlich sprudelnd kochendem Salzwasser nach Packungsangabe bissfest garen. In ein Sieb schütten und abtropfen lassen. Den Backofen auf 180 °C vorheizen, eine Auflaufform fetten.

Während die Nudeln garen, die Butter in einem großen Topf bei schwacher Hitze zerlassen. Die Zwiebelwürfel darin in etwa 5 Minuten glasig dünsten. Das Mehl hinzufügen und 1 Minute unter Rühren anschwitzen. Vom Herd nehmen und nach und nach die Milch unterrühren. Wieder auf den Herd stellen und rühren, bis die Sauce aufkocht und andickt. Bei schwacher Hitze noch 2 Minuten köcheln lassen; den Senf und etwa drei Viertel des Käses untermischen.

Die Pasta mit der Käsesauce mischen. In die Form füllen und mit Brotkrumen und dem restlichen Käse bestreuen. Den Auflauf im heißen Ofen etwa 15 Minuten backen, bis er goldbraun ist und die Sauce brodelt.

Hähnchenfleisch und Nudeln mit Honig-Limetten-Dressing

Für 4 Personen

Dressing
3 EL Honig
4 EL helle Sojasauce
abgeriebene Schale und Saft von
  2 unbehandelten Limetten
2 rote Schalotten, fein gewürfelt
1 TL geriebener frischer Ingwer
1 kleine rote Chilischote, von den
  Samen befreit, fein gehackt

300 g asiatische Eiernudeln
1 gegrilltes oder gebratenes Hähnchen, von Haut und sichtbarem
  Fett befreit
150 g Zuckerschoten, quer schräg
  halbiert
150 g Mungobohnenkeimlinge
2 Selleriestangen, in dünne, etwa
  5 cm lange Stifte geschnitten
2 große Handvoll Minzeblätter

Die Zutaten für das Dressing in einer kleinen Schüssel miteinander verrühren. Die Nudeln nach Packungsangabe einweichen oder kochen; abgießen, kalt abschrecken und mit der Küchenschere in kurze Stücke schneiden.

Das Hähnchenfleisch von den Knochen lösen. Die Zuckerschoten für 1 Minute in kochendes Wasser geben; abgießen und in Eiswasser abschrecken, dann mit dem Fleisch zu den Nudeln geben.

Keimlinge, Sellerie, Minze und das Dressing hinzufügen und alles sorgfältig mischen. Sofort servieren.

Tipps: Sie können jede Art von dünnen Nudeln verwenden – nicht nur asiatische, sondern auch Spaghetti. Fettärmer wird das Gericht, wenn Sie frisch gegartes Hähnchenbrustfilet anstelle von Grillhähnchen verwenden.

Penne mit Gemüse und Pesto

Für 4 Personen

Pesto
2 Bund Basilikum (etwa 200 g)
75 g Pinienkerne
1 Knoblauchzehe, grob zerkleinert
30 g geriebener Pfeffer-Pecorino
1 rote Chilischote, grob gehackt
150 ml Olivenöl

200 g Brokkoli, in Röschen geteilt
100 g Champignons, in Scheiben
    geschnitten
1 Möhre, in streichholzdünne Stifte
    geschnitten (Julienne)
200 g grüner Spargel, von holzigen
    Enden befreit, in 2 cm lange Stücke
    geschnitten
500 g Penne
1 sehr kleine rote Paprikaschote, in
    streichholzdünne Stifte geschnitten
    (Julienne)

Für das Pesto Basilikum, Pinienkerne, Knoblauch, Käse und Chili in der Küchenmaschine fein zerkleinern. Bei laufendem Motor das Olivenöl in dünnem Strahl dazugießen und untermixen. Das Pesto abschmecken.

Den Boden eines großen Dämpfeinsatz mit Backpapier belegen. In das Papier Löcher stechen. Brokkoli, Pilze, Möhre und Spargel darauf verteilen und den Dämpfeinsatz verschließen. Den Korb in einen Topf oder einen Wok mit etwas köchelndem Wasser darin setzen. Gemüse und Pilze etwa 4–5 Minuten dämpfen, bis sie knapp gar sind.

In der Zwischenzeit die Pasta in reichlich sprudelnd kochendem Salzwasser nach Packungsangabe bissfest garen. In ein Sieb schütten, abtropfen lassen und wieder in den Topf geben. Das gedämpfte Gemüse sowie Paprika und Pesto hinzufügen und sorgfältig untermischen. Heiß oder kalt servieren; nach Belieben geriebenen Pecorino zum Bestreuen dazu reichen.

Nudelauflauf mit Schinken und Käse

Für 4 Personen

1½ EL Olivenöl
1 Zwiebel, fein gewürfelt
300 g gekochter Schinken in Scheiben, in etwa 5 cm lange Streifen geschnitten
500 g Sahne
300 g gegarte Erbsen oder
300 g Tiefkühl-Erbsen
500 g Muschelnudeln (Conchiglione)
3 EL grob gehacktes Basilikum
250 g geriebener alter Cheddar

Den Backofen auf 200 °C vorheizen. Eine Auflaufform (2,5 l Inhalt) fetten. In einer Pfanne 1 EL Öl bei mittlerer Hitze heiß werden lassen. Die Zwiebelwürfel darin unter häufigem Rühren in etwa 5 Minuten glasig dünsten. Das restliche Öl (1 EL) hinzufügen. Den Schinken dazugeben und 1 Minute mitbraten. Die Sahne angießen; aufkochen und bei schwacher Hitze 6 Minuten köcheln lassen. Die Erbsen hinzufügen und alles weitere 2–4 Minuten köcheln lassen bis die Flüssigkeit etwas eingedickt ist; abschmecken. (Wenn gefrorene Erbsen in die Sahne gegeben werden, dauert es länger, bis die Sauce wieder aufkocht.)

In der Zwischenzeit die Pasta in reichlich sprudelnd kochendem Salzwasser nach Packungsangabe garen. In ein Sieb schütten, abtropfen lassen und wieder in den Topf geben.

Die Sauce zur Pasta geben und mit dem Basilikum und etwa drei Viertel des Käses unterrühren. Die Mischung in die vorbereitete Form füllen, mit dem restlichen Käse bestreuen und im heißen Ofen etwa 20 Minuten backen, bis die Oberfläche goldbraun ist.

Rotwein-Risotto

Für 4 Personen

500 ml Hühnerbrühe
1 Thymianzweig
100 g Butter
1 Zwiebel, fein gewürfelt
1 große Knoblauchzehe, fein gewürfelt
250 g Risottoreis (z. B. Arborio)
500 ml Rotwein
30 g Parmesan, gerieben, mehr
   zum Bestreuen

Die Brühe in einem Topf erhitzen und schwach köcheln lassen, während der Risotto zubereitet wird. Die Blättchen vom Thymianzweig abzupfen.

Die Butter in einem Topf mit schwerem Boden zerlassen. Die Zwiebelwürfel darin mit dem Knoblauch glasig dünsten. Thymian und Reis hinzufügen. Salzen, pfeffern und bei schwacher Hitze rühren, bis die Reiskörner von der Butter umhüllt sind.

Die Hälfte des Weines angießen. Bei mittlerer Hitze rühren, bis der Reis die Flüssigkeit aufgenommen hat. Die Hälfte der Brühe untermischen und unter ständigem Rühren kochen lassen. Sobald der Reis die Brühe aufgenommen hat, den restlichen Wein unterrühren.

Die restliche Brühe bis auf einen kleinen Teil untermischen und den Risotto weitergaren, bis die Körner noch bissfest sind. Falls nötig, mehr Brühe oder Wasser hinzufügen – je nach Reissorte kann die Flüssigkeitsmenge variieren.

Den Käse unter den Risotto mischen. Das Gericht mit etwas geriebenem Parmesan bestreuen; sofort servieren.

Spaghetti Bolognese

Für 4 Personen

50 g Butter
1 Zwiebel, fein gewürfelt
2 Knoblauchzehen, zerdrückt
1 Selleriestange, fein gewürfelt
1 Möhre, fein gewürfelt
50 g Pancetta oder anderer durchwachsener Speck, gewürfelt
500 g Rinderhackfleisch
1 EL gehackter Oregano
250 ml Rotwein
500 ml Rinderbrühe
2 EL Tomatenmark
2 Dosen gehackte Tomaten (je 400 g)
500 g Spaghetti
3 EL geriebener Parmesan

Die Butter in einem großen Topf bei mittlerer Hitze zerlassen. Die Zwiebelwürfel darin in etwa 3 Minuten glasig dünsten. Knoblauch, Sellerie und Möhre hinzufügen und bei schwacher Hitze unter Rühren 5 Minuten mitdünsten. Speck, Hackfleisch und Oregano dazugeben und alles 4–5 Minuten braten, bis das Fleisch Farbe angenommen hat.

Den Wein angießen und bei schwacher Hitze 4–5 Minuten einkochen lassen. Brühe, Tomatenmark und Tomaten sowie Salz und Pfeffer nach Geschmack untermischen. Die Sauce zugedeckt 1 1/2 Stunden bei schwacher Hitze köcheln lassen, anschließend den Deckel abnehmen und die Sauce unter gelegentlichem Rühren noch 1 Stunde weiterköcheln lassen.

Die Pasta in reichlich sprudelnd kochendem Salzwasser nach Packungsangabe bissfest garen. In ein Sieb schütten und abtropfen lassen, dann mit der Sauce auf vier vorgewärmten Pastatellern anrichten. Sofort mit geriebenem Parmesan servieren.

Asiatische Nudeln mit Paprika und Zuckerschoten

Für 4 Personen als Beilage

250 g chinesische Eiernudeln
1 EL Öl
1 rote Zwiebel, in schmale Spalten
   geschnitten
2 Knoblauchzehen, zerdrückt
3 cm frischer Ingwer, in streichholzdünne Streifen geschnitten (Julienne)
150 g Zuckerschoten, große Exemplare quer schräg halbiert
1 Möhre, längs halbiert, die Hälften
   quer in Scheiben geschnitten
1 rote Paprikaschote, in dünne
   Streifen geschnitten
4 EL Char-Siu-Sauce (Asienladen)
1 Handvoll Korianderblätter

Die Nudeln nach Packungsangabe einweichen oder kochen; abgießen und gut abtropfen lassen.

Den Wok bei starker Hitze heiß werden lassen. Das Öl hineingeben und durch Schwenken verteilen. Die Zwiebelspalten darin mit Knoblauch und Ingwer 1 Minute pfannenrühren. Zuckerschoten, Möhre und Paprika hinzufügen; 2–3 Minuten weiterrühren.

Die Nudeln und die Char-Siu-Sauce zur Gemüsemischung geben und untermischen; das Ganze noch 2 Minuten garen. Vor dem Servieren die Korianderblätter unterheben.

Farfalle mit Spinat und Speck

Für 4 Personen

500 g Farfalle
2 EL Olivenöl
250 g Frühstücksspeck, gewürfelt
1 rote Zwiebel, fein gewürfelt
250 g junger Blattspinat, von groben
  Stielen befreit
1–2 EL süße Chilisauce
  (nach Belieben)
40 g Ziegenfrischkäse, zerbröckelt

Die Pasta in reichlich sprudelnd kochendem Salzwasser nach Packungsangabe bissfest garen. In ein Sieb schütten, gut abtropfen lassen und wieder in den Topf geben.

In der Zwischenzeit das Öl in einer Pfanne bei mittlerer Hitze heiß werden lassen. Den Speck darin in etwa 3 Minuten goldbraun braten. Die Zwiebelwürfel dazugeben und in etwa 4 Minuten glasig dünsten. Den Spinat untermischen und in etwa 30 Sekunden zusammenfallen lassen. Die Mischung abschmecken.

Die Spinatmischung zur Pasta geben und – nach Belieben mit der Chilisauce – untermischen. Das Gericht auf Schalen oder tiefe Teller verteilen, mit dem Ziegenkäse bestreuen und sofort servieren.

Cannelloni mit geröstetem Gemüse

Für 4 Personen

50 g Butter, mehr für die Form
1 große Lauchstange, in 1 cm breite
   Stücke geschnitten
200 g gegrillte Aubergine in Öl (Glas)
200 g gegrillte Paprikaschoten in Öl
   (Glas)
125 g geriebener Emmentaler
40 g Mehl
1 l Milch
6 frische Lasagneblätter

Den Backofen auf 200 °C vorheizen. Eine eckige flache Auflaufform dünn fetten. In einem Topf 20 g Butter bei mittlerer Hitze zerlassen. Den Lauch darin unter Rühren etwa 8 Minuten dünsten, bis er weich ist. Auberginen und Paprika in 1 cm große Stücke schneiden; in eine Schüssel geben. Lauch und 40 g Käse untermischen.

Die restliche Butter (30 g) in einem Topf bei mittlerer Hitze zerlassen. Das Mehl darin 1 Minute unter Rühren anschwitzen. Vom Herd nehmen und nach und nach die Milch unterrühren. Wieder auf den Herd stellen. Die Sauce unter Rühren aufkochen und andicken, dann 2 Minuten köcheln lassen. Etwa 400 ml Sauce unter die Gemüsemischung rühren.

Die Lasagneblätter quer halbieren. Auf ein Stück etwas von der Gemüsemischung geben, das Stück aufrollen. Auf diese Weise 12 Röllchen herstellen. Die Röllchen mit den Nähten nach unten in die Form legen. Die restliche Sauce darauf verteilen. Das Ganze mit dem restlichen Käse bestreuen und im Ofen 20 Minuten goldbraun backen.

Reisfleisch mit Kümmel

Für 4 Personen

2 EL Öl
400 g Schweinefleisch (Keule),
  gewürfelt
1 große Zwiebel, gewürfelt
2 Knoblauchzehen, zerdrückt
1 EL ganzer Kümmel
300 g Basmati-Reis, kalt abgespült
750 ml Hühnerbrühe
125 g Joghurt
2 EL gehacktes Koriandergrün

Das Öl in einer großen Pfanne bei mittlerer bis starker Hitze heiß werden lassen. Das Fleisch darin braun braten; herausnehmen.

Die Zwiebelwürfel in der Pfanne mit dem Öl in 3–5 Minuten glasig dünsten. Kümmel und Reis hinzufügen. Unter Rühren 2 Minuten mitdünsten, bis Duft aufsteigt und der Reis glänzt.

Das Fleisch untermischen. Die Brühe angießen. Das Ganze aufkochen, dann zugedeckt 15–20 Minuten köcheln lassen, bis Fleisch und Reis gar sind.

Das Gericht abschmecken und auf tiefe Teller verteilen. Die Portionen mit Joghurt und Koriandergrün garnieren; sofort servieren.

Spaghettini mit Sardellen, Kapern und Kräutern

Für 4 Personen

500 g Spaghettini
125 ml Olivenöl, mehr zum Beträufeln
4 Knoblauchzehen, fein gewürfelt
10 Sardellenfilets in Öl, gehackt
1 EL sehr kleine Kapern (Nonpareilles)
1 TL Chiliflocken
2 EL Zitronensaft
2 TL abgeriebene unbehandelte
  Zitronenschale
3 EL gehackte Petersilie
3 EL gehacktes Basilikum
3 EL gehackte Minze
50 g Parmesan, gehobelt, mehr
  zum Bestreuen

Die Pasta in reichlich sprudelnd kochendem Salzwasser nach Packungsangabe bissfest garen. In ein Sieb schütten, gut abtropfen lassen und wieder in den Topf geben.

In der Zwischenzeit das Öl in einer Pfanne bei mittlerer Hitze heiß werden lassen. Den Knoblauch darin 2–3 Minuten braten, bis er bräunt. Sardellen, Kapern und Chiliflocken hinzufügen und 1 Minute mitbraten.

Die Mischung mit Zitronensaft und -schale, Petersilie, Basilikum, Minze und Parmesan zur Pasta geben und alles sorgfältig mischen.

Das Gericht auf tiefe Teller verteilen. Mit etwas Olivenöl beträufeln, mit Parmesan bestreuen und servieren.

Chinesische Nudeln mit Chili und Tofu

Für 6 Personen

250 g chinesische Eiernudeln
3 EL Erdnussöl
1 TL in Streifen geschnittene Chilischoten
2 TL geriebener frischer Ingwer
2 Knoblauchzehen, zerdrückt
250 g fester Tofu, in etwa 2 cm große
Würfel geschnitten
8 Frühlingszwiebeln, schräg in Ringe
geschnitten
150 g Mini-Maiskolben, längs halbiert
150 g Zuckerschoten
50 g Cashewkerne
2 EL Sojasauce
125 ml Gemüsefond
1 Handvoll Korianderblätter

Die Nudeln nach Packungsangabe einweichen oder kochen; in ein Sieb schütten und abtropfen lassen.

Den Wok bei mittlerer Hitze heiß werden lassen. Das Öl hineingeben und durch Schwenken verteilen. Chili, Ingwer und Knoblauch darin 2–3 Minuten pfannenrühren, bis Duft aufsteigt. Tofu, Frühlingszwiebeln und Mais dazugeben. Alles weitere 2–3 Minuten pfannenrühren.

Zuckerschoten, Nudeln und Cashews dazugeben. Das Ganze 3–5 Minuten weiterrühren, bis das Gemüse knapp gar ist. Sojasauce und Brühe hinzufügen. Aufkochen und 2 Minuten köcheln lassen. Korianderblätter untermischen; das Gericht sofort servieren.

Pasta mit Chili und Kräutern

Für 4 Personen

500 g Pasta (z. B. Fettuccine)
125 ml Olivenöl
5 Knoblauchzehen, sehr fein gewürfelt
3–4 kleine rote Chilischoten, von den Samen befreit, in sehr feine Streifen geschnitten
4 Sardellenfilets in Öl, sehr fein gehackt
1 Bund Petersilie, grob gehackt
1 kleine Handvoll Oregano, fein gehackt
1 kleine Handvoll Basilikum, gehackt
2 EL Zitronensaft
Parmesanspäne, zum Servieren

Die Pasta in reichlich sprudelnd kochendem Salzwasser nach Packungsangabe bissfest garen. In ein Sieb schütten und abtropfen lassen, dann wieder in den Topf geben.

In der Zwischenzeit das Olivenöl in einem kleinen Topf bei schwacher Hitze heiß werden lassen. Den Knoblauch darin mit Chili und Sardellen in etwa 10 Minuten unter Rühren goldgelb braten; vom Herd nehmen.

Die Mischung mit Petersilie, Oregano, Basilikum und Zitronensaft zur Pasta geben und untermischen. Das Gericht abschmecken, auf Teller verteilen, mit Parmesanspänen bestreuen und sofort servieren.

Nudelsalat mit Schweinehackfleisch

Für 8 Personen

1 EL Erdnussöl
400 g Schweinehackfleisch
2 Knoblauchzehen, fein gewürfelt
1 Stängel Zitronengras, fein gewürfelt
2–3 rote Schalotten, in dünne Ringe
  geschnitten
3 TL geriebener frischer Ingwer
1 kleine rote Chilischote, fein gewürfelt
2 Kaffirlimettenblätter, in sehr dünne
  Streifen geschnitten
200 g Glasnudeln
100 g junger Blattspinat
50 g Koriandergrün, grob gehackt
200 g Ananasfruchtfleisch, fein
  gewürfelt
1 große Handvoll Minzeblätter

Dressing
1 EL brauner Zucker
2 EL Fischsauce
4 EL Limettensaft
2 TL Sesamöl
2 TL Erdnussöl

Den Wok sehr heiß werden lassen. Das Öl hineingeben und durch Schwenken verteilen. Das Hackfleisch darin bei starker Hitze portionsweise je etwa 5 Minuten pfannenrühren, bis es leicht gebräunt ist. Knoblauch, Zitronengras, Schalotten, Ingwer, Chili und Limettenblätter hinzufügen und alles weitere 1–2 Minuten pfannenrühren, bis Duft aufsteigt.

Die Nudeln einer großen Schüssel mit kochend heißem Wasser übergießen. 3–5 Minuten einweichen, dann kalt abspülen; abtropfen lassen. Anschließend in einer Schüssel mit Spinat, Koriandergrün, Ananas, Minze und der Hackfleischmischung vermengen.

Für das Dressing den Zucker mit Fischsauce und Limettensaft verrühren. Sesam- und Erdnussöl hinzufügen und alles mit einem Schneebesen verrühren. Das Dressing unter den Salat mischen und den Salat mit schwarzem Pfeffer abschmecken.

Spaghetti alla puttanesca

Für 4 Personen

1 kleine rote Chilischote
1 EL Kapern
4 EL Olivenöl
1 kleine Zwiebel, fein gewürfelt
2 Knoblauchzehen, in dünne Scheiben
  geschnitten
6 Sardellenfilets in Öl, fein gehackt
1 Dose gehackte Tomaten (400 g)
1 EL gehackte Oreganoblättchen oder
  ¼ TL getrockneten Oregano
100 g schwarze Oliven, entsteint,
  halbiert
500 g Spaghetti
1 EL fein gehackte Petersilie

Die Chilischote halbieren, von den Samen befreien und fein hacken. Die Kapern nach Belieben hacken.

Das Öl in einem großen Topf bei schwacher Hitze heiß werden lassen. Die Zwiebelwürfel darin mit Knoblauch und Chili in etwa 6 Minuten glasig dünsten. Die Sardellen dazugeben und beim Unterrühren fein zerdrücken.

Tomaten, Oregano, Oliven und Kapern hinzufügen. Die Sauce aufkochen und etwa 10 Minuten köcheln lassen, bis sie etwas eingedickt ist; abschmecken.

Inzwischen die Pasta in reichlich sprudelnd kochendem Salzwasser nach Packungsangabe bissfest garen. In ein Sieb schütten und nur kurz abtropfen lassen. Zur Sauce geben und sorgfältig untermischen; servieren.

Hackfleischspieße mit Orzo-Salat

Für 4 Personen

Orzo-Salat
200 g Orzo (Risoni; reiskornförmige Pasta)
2 TL Olivenöl
2 TL Balsamico-Essig
½ TL abgeriebene unbehandelte Zitronenschale
2 TL Zitronensaft
50 g Rucola
1 ½ EL in Streifen geschnittenes Basilikum
½ kleine rote Zwiebel, fein gewürfelt

Hackfleischspieße
250 g Lammhackfleisch
250 g Kalbshackfleisch
1 Zwiebel, fein gewürfelt
2 Knoblauchzehen, zerdrückt
1 TL gemahlenes Piment
1 TL gemahlener Zimt
Öl, zum Braten

Die Pasta in reichlich sprudelnd kochendem Salzwasser nach Packungsangabe garen. In ein Sieb schütten, kalt abspülen und abtropfen lassen. Anschließend in eine Schüssel geben und mit Öl, Essig, Zitronenschale und -saft sowie Rucola, Basilikum und Zwiebelwürfeln mischen. Den Salat mit Salz und Pfeffer abschmecken. Bis zum Servieren kalt stellen.

Für die Spieße das Hackfleisch mit Zwiebel, Knoblauch, Piment, Zimt sowie Salz und Pfeffer nach Geschmack gründlich verkneten oder kurz in der Küchenmaschine mischen.

Den Fleischteig in acht Portionen teilen und jede Portion zu einer Rolle formen. In jede Rolle längs einen Schaschlikspieß stecken und die Fleischrolle fest an den Spieß drücken. Im Kühlschrank in etwa 30 Minuten fest werden lassen.

Eine Pfanne bei mittlerer Hitze heiß werden lassen und mit Öl auspinseln. Die Spieße darin unter häufigem Wenden 8–10 Minuten braten, bis das Fleisch durchgegart ist. Die Spieße warm mit dem Salat servieren.

Tipp: Wer mag, kann die Spieße auch unter dem heißen Backofengrill oder in einer Grillpfanne braten.

Gebratener Reis mit Tofu und Sesam

Für 4 Personen

300 g fester Tofu
2 TL Sesamöl
3–4 EL Sojasauce
1 EL Sesamsamen
2 EL Öl
3 Zucchini, in Scheiben geschnitten
1 große rote Paprikaschote, in kleine
  Rauten geschnitten
150 g Champignons, halbiert oder
  geviertelt
2 Knoblauchzehen, zerdrückt
500 g kalter gegarter Naturreis
  (siehe Tipp)

Den Tofu kalt abspülen und mit Küchenpapier trocken tupfen. In Würfel schneiden und diese in einer Schüssel mit dem Sesamöl und 2 EL Sojasauce mischen. Im Kühlschrank unter gelegentlichem Rühren 30 Minuten durchziehen lassen.

Den Wok sehr heiß werden lassen. Die Sesamsamen darin ohne Fett hellbraun rösten, dann zum Abkühlen auf einen Teller geben.

Das Öl in den Wok geben und durch Schwenken verteilen. Den Tofu mit einem Schaumlöffel aus der Marinade heben. Bei starker Hitze etwa 3 Minuten im Wok pfannenrühren, bis die Würfel gebräunt sind; herausnehmen und beiseitestellen.

Gemüse, Pilze und Knoblauch in den Wok geben. Pfannenrühren, bis alles knapp gar ist. Reis und Tofu hinzufügen und unter Rühren heiß werden lassen.

Die gerösteten Sesamsamen, die Marinade und die restliche Sojasauce (1–2 EL; nach Geschmack) untermischen. Das Gericht sofort servieren.

Tipp: Reis zum Braten sollte am Vortag gekocht und über Nacht im Kühlschrank aufbewahrt werden, damit er trocken und locker wird.

Tomatensauce mit Fleischbällchen

Für 4 Personen

Fleischbällchen
500 g Rinderhackfleisch
40 g frische Brotkrumen
1 Zwiebel, fein gewürfelt
2 Knoblauchzehen, zerdrückt
2 TL Worcestersauce
1 TL getrockneter Oregano
30 g Mehl
2 EL Olivenöl

Tomatensauce
2 Dosen gehackte Tomaten (je 400 g)
1 EL Olivenöl
1 Zwiebel, fein gewürfelt
2 Knoblauchzehen, zerdrückt
2 EL Tomatenmark
125 ml Rinderbrühe
2 TL Zucker

500 g Spaghetti
geriebener Parmesan, zum Bestreuen

Das Hackfleisch mit Brotkrumen, Zwiebel, Knoblauch, Worcestersauce, Oregano sowie Salz und Pfeffer in eine Schüssel geben und zu einem Fleischteig verkneten. Vom Teig je 1 EL abnehmen und zu einer Kugel formen. Die Bällchen mit Mehl bestäuben, überschüssiges Mehl abschütteln. Das Öl in einer Pfanne bei starker Hitze heiß werden lassen. Die Hackbällchen darin portionsweise rundum kräftig anbraten, dann auf Küchenpapier abtropfen lassen.

Für die Sauce die Tomaten in der Küchenmaschine pürieren. Das Öl in einer Pfanne bei mittlerer Hitze heiß werden lassen. Die Zwiebelwürfel darin glasig dünsten. Den Knoblauch hinzufügen und 1 Minute mitdünsten. Tomatenpüree, Tomatenmark, Brühe und Zucker dazugeben und alles verrühren. Die Sauce aufkochen lassen und die Fleischklößchen hineingeben. Bei schwacher Hitze 15 Minuten köcheln lassen; abschmecken.

In der Zwischenzeit die Pasta in reichlich sprudelnd kochendem Salzwasser nach Packungsangabe bissfest garen. In ein Sieb schütten und gut abtropfen lassen. Anschließend mit der Sauce auf tiefen Tellern anrichten und mit Parmesan zum Bestreuen servieren.

Reisnudeln mit Tofu, Ei und Erdnüssen

Für 4 Personen

400 g asiatische Reisbandnudeln
2 EL Erdnussöl
2 Eier, verquirlt
1 Zwiebel, in Spalten geschnitten
2 Knoblauchzehen, zerdrückt
1 kleine rote Paprikaschote, in dünne Streifen geschnitten
100 g frittierte Tofuwürfel (Fertigprodukt; Asienladen), in dünne Streifen geschnitten
6 Frühlingszwiebeln, in dünne Ringe geschnitten
2 Handvoll Koriandergrün, gehackt
50 ml Sojasauce
2 EL Limettensaft
1 EL brauner Zucker
2 TL Sambal oelek (siehe Info auf Seite 65)
100 g Mungobohnenkeimlinge
3 EL gehackte ungesalzene geröstete Erdnüsse

Die Nudeln in sprudelnd kochendem Wasser nach Packungsangabe weich garen. In ein Sieb schütten und abtropfen lassen.

Den Wok bei starker Hitze heiß werden lassen. Etwas Öl hineingeben und durch Schwenken verteilen. Sobald es raucht, die verquirlten Eier hineingießen. Den Wok schwenken, bis ein dünnes Omelett entstanden ist – das dauert etwa 30 Sekunden. Das Omelett herausnehmen und aufrollen, die Rolle quer in dünne Streifen schneiden.

Das restliche Öl im Wok erhitzen. Zwiebel, Knoblauch und Paprika darin 2–3 Minuten pfannenrühren. Die Nudeln hinzufügen und gründlich untermischen. Omelettstreifen, Tofu, Frühlingszwiebel und die Hälfte des Koriandergrüns unterrühren.

Die Sojasauce mit Limettensaft, Zucker und Sambal oelek verrühren. Zu den Nudeln geben und sorgfältig untermischen. Das Gericht mit Keimlingen, Erdnüssen und dem restlichen Koriandergrün bestreuen; sofort servieren.

Bandnudeln mit Zucchini

Für 4–6 Personen

500 g Fettuccine oder Tagliatelle
50 g Butter
2 Knoblauchzehen, zerdrückt
500 g Zucchini, geraspelt
75 g Parmesan, gerieben
250 ml Olivenöl
16 Basilikumblätter (siehe Tipp)

Die Pasta in reichlich sprudelnd kochendem Salzwasser nach Packungsangabe bissfest garen. In ein Sieb schütten, abtropfen lassen und wieder in den Topf geben.

In der Zwischenzeit die Butter in einem großen Topf bei schwacher Hitze zerlassen. Sobald sie schäumt, den Knoblauch darin 1 Minute dünsten. Die Zucchiniraspel hinzufügen und unter gelegentlichem Rühren 1–2 Minuten mitdünsten.

Die Sauce mit dem Parmesan zur Pasta geben und untermischen.

Das Öl in einem kleinen Topf heiß werden lassen. Jeweils zwei Basilikumblätter darin in etwa 1 Minute knusprig frittieren, herausheben und auf Küchenpapier abtropfen lassen. Zur Pasta servieren.

Tipp: Die Basilikumblätter können Sie bis zu 2 Stunden im Voraus frittieren. Nach dem Abkühlen fest verpacken.

Gewürzreis mit Mandeln und Rosinen

Für 4 Personen

1 kleine Prise Safranfäden
250 g Basmati-Reis
2 EL Öl
2 Zimtstangen
6 grüne Kardamomkapseln,
    angedrückt
6 Gewürznelken
75 g gehäutete Mandeln, geröstet
75 g Rosinen
1 TL Salz
2 EL gehacktes Koriandergrün

Die Safranfäden in 3 EL kochend heißem Wasser einweichen. Den Reis in ein Sieb geben und unter kaltem Wasser abspülen, bis das ablaufende Wasser klar ist.

Das Öl in einem Topf bei mittlerer Hitze heiß werden lassen. Die Gewürze darin 1–2 Minuten braten, bis Duft aufsteigt. Reis, Mandeln und Rosinen hinzufügen; rühren, bis die Reiskörner glänzen. 500 ml kaltes Wasser und das Salz hinzufügen. Aufkochen, dann zugedeckt bei sehr schwacher Hitze 15 Minuten köcheln lassen.

Den Topf vom Herd nehmen. Deckel entfernen und die Reismischung mit dem Safranwasser beträufeln. Den Deckel wieder auflegen und das Ganze 10 Minuten ruhen lassen. Das Koriandergrün untermischen und das Gericht servieren.

Asiatischer Nudelsalat mit Sesamdressing

Für 4 Personen

Sesamdressing
4 EL Sesamsamen, geröstet
2½ EL helle Sojasauce
2 EL Reisessig
2 TL Zucker
½ TL geriebener frischer Ingwer
½ TL Instant-Dashi (japanische
   Instant-Brühe; Asienladen) oder
   Instant-Brühe

125 g Somen-Nudeln (japanische
   Buchweizen- oder Weizennudeln)
100 g Zuckerschoten, schräg in dünne
   Streifen geschnitten
100 g Daikon (japanischer Rettich), in
   streichholzdünne Stifte geschnitten
   (Julienne)
1 kleine Möhre, in sehr dünne
   Scheiben geschnitten
1 Frühlingszwiebel, schräg in Ringe
   geschnitten
50 g junger Blattspinat
2 TL Sesamsamen, geröstet

Für das Dressing die Sesamsamen im Mörser fein zerstoßen. Die Sojasauce in einem kleinen Topf mit Reisessig, Zucker, Ingwer, Instant-Dashi oder Brühe und 125 ml Wasser verrühren. Bei starker Hitze aufkochen, dann bei mittlerer Hitze unter Rühren 2 Minuten köcheln lassen, bis Dashi oder Brühe aufgelöst sind. Vom Herd nehmen. Abkühlen lassen, anschließend nach und nach mit dem zerstoßenen Sesam zu einem dickflüssigen Dressing verrühren.

Die Nudeln in sprudelnd kochendem Wasser in 2 Minuten oder nach Packungsangabe garen. In ein Sieb schütten, kalt abspülen und auskühlen lassen, dann mit der Küchenschere in 10 cm lange Stücke schneiden.

Die Zuckerschoten mit Daikon, Möhre, Frühlingszwiebel, Spinat und Nudeln in eine Schüssel geben. Das Dressing hinzufügen und alles sorgfältig mischen. Den Salat bis zum Servieren im Kühlschrank aufbewahren und unmittelbar vor dem Servieren mit geröstetem Sesam bestreuen.

Penne mit Zucchini-Käse-Sauce

Für 4 Personen

500 g Penne oder andere
   Röhrennudeln

Sauce
2 Zucchini, gewürfelt
2 Knoblauchzehen, gewürfelt
1 kleine rote Chilischote, von den
   Samen befreit, gehackt
125 g Ricotta
100 g Sahne
2 TL abgeriebene unbehandelte
   Zitronenschale
100 g Parmesan, gerieben
1 Handvoll Basilikum, gehackt
Basilikumblättchen und Parmesanspäne, zum Bestreuen

Die Nudeln in reichlich sprudelnd kochendem Salzwasser nach Packungsangabe bissfest garen. In ein Sieb schütten; dabei 125 ml Kochwasser auffangen.

In der Zwischenzeit die Zucchini mit Knoblauch und Chili in der Küchenmaschine in 30 Sekunden fein zerkleinern. Ricotta, Sahne, Zitronenschale, Parmesan und gehacktes Basilikum sowie Salz und Pfeffer hinzufügen. Alles 20 Sekunden mixen, bis eine glatte Sauce entstanden ist.

Die Sauce auf die heiße Pasta gießen und untermischen, dabei so viel Nudelkochwasser dazugeben, dass die Sauce die Pasta überzieht. Das Gericht auf Teller verteilen, mit Basilikumblättchen und Parmesanspänen bestreuen und sofort servieren.

Tipp: Die Sauce sollten Sie erst kurz vor dem Servieren zubereiten. Zum Einfrieren ist sie nicht geeignet.

Reisnudeln mit Schwarze-Bohnen-Sauce und Rindfleisch

Für 4 Personen

1 Rindersteak (etwa 300 g)
1 Knoblauchzehe, zerdrückt
3 EL Austernsauce
2 EL Sojasauce
100 ml Schwarze-Bohnen-Sauce (Asienladen)
2 EL Zucker
2 TL Speisestärke
3/4 TL Sesamöl
600 g chinesische Reisbandnudeln
1 1/2 EL Öl
2 rote Paprikaschoten, in Streifen geschnitten
1 grüne Paprikaschote, in Streifen geschnitten
1 Handvoll Korianderblätter

Das Steak in dünne Streifen schneiden. Diese in einer Schüssel mit Knoblauch, Austern-, Soja- und Bohnensauce, Zucker, Speisestärke und Sesamöl mischen.

Die Reisnudeln nach Packungsangabe einweichen oder kochen, bis sie weiß und nicht mehr glasig sind; abgießen.

Das Öl im Wok oder in einer Pfanne erhitzen. Die Paprikastreifen darin 1–2 Minuten pfannenrühren. Fleischmischung dazugeben und 1 Minute mitbraten. Die Nudeln hinzufügen und alles gut mischen. Sobald das Fleisch gar ist und alle Zutaten heiß sind, die Korianderblätter untermischen. Das Gericht sofort servieren.

Bucatini mit Tomaten-Speck-Sauce

Für 4 Personen

100 ml Olivenöl
1 rote Zwiebel, fein gewürfelt
75 g Pancetta oder durchwachsener
  Speck
2 Knoblauchzehen, gewürfelt
1 EL gehackter Rosmarin
1 große getrocknete Chilischote (nach
  Belieben)
200 ml Rotwein
2 Dosen gehackte Tomaten (je 400 g)
500 g Bucatini
geriebener Parmesan, zum Servieren

Das Öl in einem Topf bei schwacher Hitze heiß werden lassen. Die Zwiebelwürfel darin mit dem Speck braten, bis sie weich und karamellisiert sind – Vorsicht, nicht anbrennen lassen. Den Knoblauch mit Rosmarin und Chili hinzufügen und mitbraten, bis er etwas Farbe angenommen hat.

Den Rotwein angießen und aufkochen lassen, dabei Angesetztes vom Topfboden losschaben. Sobald der Wein eingekocht ist, die Tomaten in den Topf geben. Die Sauce 10 Minuten schwach köcheln lassen, bis sie etwas eingedickt ist. Chilischote entfernen.

Die Pasta in reichlich sprudelnd kochendem Salzwasser nach Packungsangabe bissfest garen. In ein Sieb schütten und nur kurz abtropfen lassen; sofort mit der Sauce mischen. Das Gericht vor dem Servieren mit geriebenem Parmesan bestreuen.

Risotto mit Möhren und Kürbis

Für 6 Personen

100 g Butter
1 Zwiebel, fein gewürfelt
300 g Kürbisfruchtfleisch,
  fein gewürfelt
3 Möhren, fein gewürfelt
etwa 2 l Gemüse- oder Hühnerbrühe
450 g Risotto-Reis (z. B. Arborio)
100 g Pecorino oder Parmesan,
  gehobelt
¼ TL geriebene Muskatnuss
½ TL Thymianblättchen

Die Hälfte der Butter in einem großen Topf mit schwerem Boden bei mittlerer Hitze zerlassen. Die Zwiebelwürfel darin in 2–3 Minuten glasig dünsten. Kürbis und Möhren hinzufügen und 6–8 Minuten mitdünsten, bis sie weich sind. Die Mischung mit einem Kartoffelstampfer etwas zerdrücken.

In der Zwischenzeit die Brühe in einen zweiten Topf geben. Aufkochen und zugedeckt schwach köcheln lassen, während der Risotto zubereitet wird.

Den Reis zum Gemüse geben. Unter ständigem Rühren 5 Minuten mitdünsten, bis die Körner glasig und heiß sind. 125 ml von der köchelnden Brühe dazugeben; rühren, bis der Reis die Flüssigkeit aufgenommen hat. Immer wieder 125 ml Brühe dazugeben und unter Rühren vom Reis aufnehmen lassen – bis der Reis weich und cremig ist, dauert es 20–25 Minuten; möglicherweise wird mehr oder weniger Brühe benötigt.

Den Topf vom Herd nehmen. Die restliche Butter (50 g), Käse, Muskat und Thymian unter den Risotto rühren. Das Gericht mit schwarzem Pfeffer würzen und vor dem Servieren 5 Minuten ruhen lassen.

Lasagne mit Spargel und Zucchini

Für 4 Personen

500 g grüner Spargel, von holzigen
  Enden befreit und im unteren Drittel
  geschält
500 g Zucchini, längs in 5 mm dicke
  Scheiben geschnitten
2 EL Olivenöl
250 g vorgegarte Lasagneblätter
150 g geraspelter Mozzarella

Sauce
500 ml Milch
50 g Butter
50 g Mehl
125 g Sahne
1 Prise geriebene Muskatnuss

Den Backofengrill auf mittlere Hitze vorheizen. Spargel und Zucchini vorsichtig mit dem Öl mischen. Portionsweise auf einem Backblech ausbreiten und 2–3 Minuten grillen. Abkühlen lassen, dann den Spargel in Stücke schneiden.

Den Backofen auf 180 °C vorheizen. Für die Sauce die Milch in einem kleinen Topf erwärmen; beiseitestellen. Die Butter in einem zweiten Topf zerlassen. Das Mehl hinzufügen und unter Rühren 3 Minuten anschwitzen. Nach und nach die Milch unterrühren. 5 Minuten rühren, bis die Sauce brodelt und andickt. Den Topf vom Herd nehmen. Sahne und Muskat unter die Sauce rühren. Die Sauce mit Salz und weißem Pfeffer abschmecken.

Eine Lasagneform dünn fetten. Zwei Lasagneblätter hineinlegen und mit etwas Sauce bestreichen. Eine Schicht Gemüse darauflegen und mit Sauce bestreichen. Auf diese Weise zwei weitere Schichten daraufgeben. Die Oberfläche mit dem Mozzarella bestreuen. Die Lasagne 40–45 Minuten im heißen Ofen backen.

Asiatischer Nudel-Hühner-Topf

Für 4 Personen

4 getrocknete Shiitakepilze
250 g Eier- oder Reisbandnudeln
1 EL Öl
1 rote Zwiebel, in schmale Spalten geschnitten
2 Knoblauchzehen, zerdrückt
2 cm frischer Ingwer, fein zerkleinert
1 EL süße Chilisauce
400 g Hähnchenbrustfilet
1 kleine rote Paprikaschote, in dünne Streifen geschnitten
1 Bund chinesischer Brokkoli (gai larn) oder grüner Spargel, in 2 cm lange Stücke geschnitten
100 g Mini-Maiskolben, quer schräg halbiert
150 g Zuckerschoten, quer schräg halbiert
4 EL Sojasauce
2 EL Mirin (süßer japanischer Reiswein)
1 große Handvoll Koriandergrün

Die Pilze in einer großen Schüssel mit 400 ml kochend heißem Wasser bedecken und 15 Minuten einweichen. Abgießen (die Flüssigkeit dabei auffangen) und ausdrücken. Die Stiele entfernen, die Hüte in dünne Streifen schneiden. Die Nudeln nach Packungsangabe einweichen oder kochen; abgießen.

In der Zwischenzeit den Wok bei starker Hitze heiß werden lassen. Das Öl hineingeben und durch Schwenken verteilen. Die Zwiebelspalten darin 2–3 Minuten pfannenrühren. Knoblauch und Ingwer mit der Chilisauce hinzufügen und 1 Minute mitbraten.

Das Fleisch dazugeben. 4–5 Minuten mitbraten, bis es fast gar ist. Paprika, Brokkoli oder Spargel, Mais, Zuckerschoten, Pilze und 3 EL Einweichwasser (von den Pilzen) dazugeben. Alles 2–3 Minuten pfannenrühren, bis das Gemüse weich ist. Sojasauce, Mirin, Koriandergrün und Nudeln untermischen. Das Gericht mit weißem Pfeffer abschmecken und sofort servieren.

Pasta Alfredo

Für 4–6 Personen

500 g Pasta (siehe Tipp)
100 g Butter
300 g Sahne
150 g Parmesan, gerieben
3 EL gehackte Petersilie
Kräuter, zum Garnieren

Die Pasta in reichlich sprudelnd kochendem Salzwasser nach Packungsangabe bissfest garen. In ein Sieb schütten, kurz abtropfen lassen und wieder in den Topf geben.

In der Zwischenzeit die Butter in einem Topf bei schwacher Hitze zerlassen. Die Sahne mit dem Parmesan hinzufügen und unter ständigem Rühren aufkochen lassen. Die Sauce bei schwacher Hitze unter Rühren köcheln lassen, bis sie etwas eingedickt ist. Die Petersilie sowie Salz und Pfeffer untermischen.

Die Sauce zur Pasta geben und sorgfältig untermischen. Das Gericht mit frischen Kräutern (z. B. Thymian) garnieren und sofort servieren.

Tipp: Klassisch wird dieses Gericht mit Fettuccine zubereitet, aber Sie können jede beliebige Pastasorte verwenden. Versuchen Sie, die Sauce so zuzubereiten, dass sie fertig ist, wenn die Nudeln gar sind.

Orecchiette mit Brokkoli

Für 4 Personen

750 g Brokkoli, in Röschen zerteilt
500 g Orecchiette
3 EL Olivenöl
½ TL Chiliflocken
30 g Pecorino oder Parmesan,
    gerieben

Den Brokkoli für 5 Minuten in reichlich sprudelnd kochendes Salzwasser geben. Mit einem Schaumlöffel herausheben und abtropfen lassen. Das Wasser erneut aufkochen lassen.

Die Pasta im sprudelnd kochenden Wasser nach Packungsangabe bissfest garen. In ein Sieb schütten, gut abtropfen lassen und wieder in den Topf geben.

In der Zwischenzeit das Öl in einer Pfanne bei mittlerer Hitze heiß werden lassen. Den Brokkoli mit den Chiliflocken darin unter Rühren etwa 5 Minuten garen, bis er von Öl überzogen ist und auseinanderfällt; abschmecken und zur Pasta geben. Den Käse untermischen und das Gericht servieren.

Spaghetti carbonara

Für 4 Personen

500 g Spaghetti
8 Scheiben Frühstücksspeck
2 TL Olivenöl
4 Eier, verquirlt
50 g Parmesan, gerieben
300 g Sahne

Die Pasta in sprudelnd kochendem Salzwasser nach Packungsangabe bissfest garen. In ein Sieb schütten, abtropfen lassen und wieder in den Topf geben.

In der Zwischenzeit den Speck in dünne Streifen schneiden. Das Öl in einer Pfanne bei mittlerer Hitze heiß werden lassen. Den Speck darin unter häufigem Rühren in 5–6 Minuten knusprig braten; herausnehmen und auf Küchenpapier abtropfen lassen.

Die Eier in einer Schüssel rasch mit Parmesan und Sahne verquirlen. Den Speck unterrühren und die Sauce auf die heiße Pasta gießen. Das Ganze bei sehr schwacher Hitze unter Rühren 1 Minute heiß werden lassen – nicht zu heiß, damit die Eier nicht gerinnen.

Das Gericht mit schwarzem Pfeffer abschmecken, auf vier tiefe Teller verteilen und servieren.

Indische Hähnchenspieße mit Gewürzreis

Für 4 Personen

200 g Hähnchenbrustfilet, in 2 cm
   dicke Streifen geschnitten
125 g Joghurt
1 1/2 EL Tandoori-Gewürzmischung
   (Asienladen)
1 EL Zitronensaft
300 g Basmati-Reis
2 TL Öl
1 kleine Zwiebel, fein gewürfelt
2 Gewürznelken, zerstoßen
1 TL geriebener frischer Ingwer
1/2 TL gemahlene Kurkuma
1 TL Kreuzkümmelsamen
4 grüne Kardamomkapseln,
   angedrückt
1 Zimtstange
500 ml Hühnerbrühe
2 EL Korinthen
1 EL Öl
Mango-Chutney, Zitronenschnitze und
   Koriandergrün, zum Servieren

Zuerst 8 Bambusspieße 30 Minuten in kaltem Wasser einweichen. Das Fleisch in einer Schüssel mit Joghurt, Tandoorigewürz und Zitronensaft mischen. Zudecken und für 2 Stunden in den Kühlschrank stellen.

Den Reis in einem Sieb mit kaltem Wasser abspülen, bis das ablaufende Wasser klar ist. Das Öl in einem Topf bei mittlerer Hitze heiß werden lassen. Die Zwiebelwürfel darin mit Knoblauch, Ingwer, Kurkuma und Kreuzkümmel in etwa 5 Minuten glasig dünsten. Reis, Kardamom, Zimt und Brühe dazugeben.

Das Ganze aufkochen und zugedeckt 12 Minuten köcheln lassen. Vom Herd nehmen und die Korinthen untermischen. Mit Salz und Pfeffer abschmecken, zudecken und 10 Minuten ruhen lassen.

In der Zwischenzeit die Fleischstreifen locker auf die Spieße fädeln. Eine Grillpfanne oder eine herkömmliche Pfanne bei mittlerer Hitze heiß werden lassen und mit dem Öl auspinseln. Die Spieße darin 12–15 Minuten braten, bis das Fleisch durchgegart ist. Die Spieße mit dem Reis auf Tellern anrichten und mit Mango-Chutney, Zitronenschnitzen und Koriandergrün servieren.

Reis mit Räucherfisch

Für 4 Personen

600 g Räucherfischfilet mit Haut
(z. B. Räucherlachs oder -makrele)
50 g Butter
1 Zwiebel, fein gewürfelt
2 TL Currypulver
1 TL gemahlener Kreuzkümmel
1 TL gemahlener Koriander
2 TL in dünne Streifen geschnittene
grüne Chilischote
200 g Basmati-Reis
700 ml Hühnerbrühe oder Fischfond
1 Zimtstange
75 g Sahne
2 hart gekochte Eier, fein gehackt
2 EL gehackte Petersilie
2 EL gehacktes Koriandergrün

Fischfilet mit der Haut nach oben in eine Pfanne legen und mit kochend heißem Wasser begießen. Etwa 10 Minuten sehr schwach köcheln lassen, bis er sich leicht zerpflücken lässt (an einer Stelle mit einer Messerspitze testen). Abgießen und mit Küchenpapier trocken tupfen, dann von der Haut befreien und in mundgerechte Stücke zerteilen.

Die Butter in einem großen Topf zerlassen. Die Zwiebelwürfel darin goldgelb dünsten. Curry, Kreuzkümmel, Koriander und Chili hinzufügen und unter Rühren 1 Minute mitdünsten. Den Reis untermischen. Die Brühe mit dem Zimt dazugeben. Das Ganze zugedeckt bei schwacher Hitze etwa 12 Minuten köcheln lassen, bis der Reis gar ist.

Die Zimtstange entfernen und den Fisch untermischen. Sahne, Eier und Kräuter unterheben. Das Gericht abschmecken und sofort servieren.

Penne all'arabbiata

Für 4 Personen

500 g Penne
2 EL Olivenöl
2 große Knoblauchzehen, in dünne
   Scheiben geschnitten
1–2 getrocknete Chilischoten
2 Dosen Tomaten (je 400 g)
1 EL grob gehacktes Basilikum

Die Pasta in reichlich sprudelnd kochendem Salzwasser nach Packungsangabe bissfest garen. In ein Sieb schütten, gut abtropfen lassen und wieder in den Topf geben.

In der Zwischenzeit das Öl in einem Topf bei schwacher Hitze heiß werden lassen. Den Knoblauch mit den Chilis darin hellbraun braten, die Chilis dabei regelmäßig wenden. Die Tomaten und etwas Salz hinzufügen. Die Sauce 20–30 Minuten köcheln lassen, bis sie eingedickt ist, dabei die Tomaten mit dem Kochlöffelrücken zerdrücken.

Das gehackte Basilikum unter die Sauce mischen. Die Sauce zur Pasta geben und untermischen. Das Gericht abschmecken und servieren.

Cotelli mit Gemüse

Für 4 Personen

500 g Cotelli
300 g Tiefkühl-Erbsen
300 g Tiefkühl-Dicke-Bohnen-Kerne,
  gehäutet
75 ml Olivenöl
6 Frühlingszwiebeln, in 3 cm lange
  Stücke geschnitten
2 Knoblauchzehen, fein gewürfelt
250 ml Hühnerbrühe
12 Stangen grüner Spargel, von
  holzigen Enden befreit, im unteren
  Drittel geschält, in 5 cm lange Stücke
  geschnitten
½ TL abgeriebene unbehandelte
  Zitronenschale
50 ml Zitronensaft
Parmesanspäne, zum Servieren

Die Pasta in reichlich sprudelnd kochendem Salzwasser nach Packungsangabe bissfest garen. In ein Sieb schütten, abtropfen lassen und wieder in den Topf geben. In der Zwischenzeit die Erbsen für 1–2 Minuten in kochendes Wasser geben. Sobald sie weich sind, mit einem Schaumlöffel herausheben. Die Bohnenkerne für 1–2 Minuten in das kochende Wasser geben, dann in ein Sieb schütten und in kaltem Wasser abschrecken.

In einer Pfanne 2 EL Olivenöl heiß werden lassen. Die Frühlingszwiebeln darin mit dem Knoblauch in etwa 2 Minuten dünsten. Die Brühe angießen und in 5 Minuten etwas einkochen lassen. Die Spargelstücke hinzufügen und in 3–4 Minuten bissfest dünsten. Erbsen und Bohnen hinzufügen und 2–3 Minuten mitdünsten. Zitronenschale und -saft sowie Salz und Pfeffer unter das Gemüse mischen.

Das restliche Öl unter die Pasta mischen und die Gemüsemischung unterheben. Das Gericht mit Salz und schwarzem Pfeffer abschmecken, auf vier Schalen oder tiefe Teller verteilen und mit Parmesanspänen bestreuen; servieren.

Spaghettini mit Knoblauch und Olivenöl

Für 4 Personen

500 g Spaghettini
75 ml Olivenöl
5 Knoblauchzehen, zerdrückt
1 Prise Chiliflocken
2 EL gehackte Petersilie
geriebener Pecorino, zum Servieren

Die Pasta in reichlich sprudelnd kochendem Salzwasser nach Packungsangabe bissfest garen.

In der Zwischenzeit das Öl in einer großen Pfanne bei sehr schwacher Hitze heiß werden lassen. Den Knoblauch mit den Chiliflocken darin etwa 2 Minuten dünsten, bis er weich ist; vom Herd nehmen.

Die Pasta in ein Sieb schütten und nur kurz abtropfen lassen, dann sofort mit der Petersilie in die Pfanne geben und alles mischen. Abschmecken und mit dem geriebenen Käse servieren.

Fleisch und Geflügel

Lammspieße mit Buttermilch-Minzsauce

Für 4 Personen

3 EL griechischer Sahnejoghurt
5 Knoblauchzehen, gewürfelt
5 cm frischer Ingwer, gehackt
3 grüne Chilischoten, gehackt
1 Zwiebel, gewürfelt
3 EL Koriandergrün
500 g Lammhackfleisch
rote Zwiebeln, in Ringe geschnitten,
  zum Servieren
Zitronenschnitze, zum Servieren

Buttermilch-Minzsauce
1 TL Kreuzkümmelsamen
1 Handvoll Minzeblätter, gehackt
1 Handvoll Koriandergrün, gehackt
2 cm frischer Ingwer, gewürfelt
2 grüne Chilischoten, gehackt
300 g griechischer Sahnejoghurt
300 ml Buttermilch

Den Joghurt im Blitzhacker mit Knoblauch, Ingwer, Chilis und Koriandergrün zu einer glatten Paste verarbeiten. Salzen und pfeffern, dann mit dem Hackfleisch zu einem Fleischteig verarbeiten. Den Teig in 16 Portionen teilen, jede Portion zu einer kleinen Frikadelle formen. Zudecken und 20 Minuten kalt stellen.

Inzwischen für die Buttermilch-Minzsauce die Kreuzkümmelsamen in einer Pfanne ohne Fett bei schwacher Hitze etwa 2 Minuten rösten, bis Duft aufsteigt. Abkühlen lassen, dann im Mörser oder in der Gewürzmühle fein mahlen. Minze, Koriandergrün, Ingwer und Chili in der Küchenmaschine fein zerkleinern. Alternativ alles mit einem großen scharfen Messer zu einer Paste zusammenhacken. Joghurt und Buttermilch hinzufügen und alles glatt mixen. Mit Salz und Pfeffer abschmecken, den Kreuzkümmel unterrühren.

Den Backofengrill auf starke Hitze vorheizen. Je vier Frikadellen auf vier Metallspieße stecken. 7 Minuten grillen, bis sie gebräunt sind, dann wenden und weitere 6–7 Minuten grillen. Mit der Buttermilch-Minzsauce, Zwiebelringen und Zitronenschnitzen servieren.

Hähnchenbrust
mit Pak choi und Pilzsauce

Für 4 Personen

2 große getrocknete Shiitakepilze
2 EL helle Sojasauce
2 EL chinesischer Reiswein
½ EL Sesamöl
1 EL in dünne Scheiben geschnittener Ingwer
4 Hähnchenbrustfilets (je etwa 200 g)
500 g Pak choi, vom Strunk befreit, längs geviertelt
250 ml Hühnerbrühe
1 EL Speisestärke

Die getrockneten Pilze 20 Minuten in 4 EL kochend heißem Wasser einweichen. Abgießen, das Einweichwasser auffangen. Stiele von den Pilzen schneiden, Hüte in Streifen schneiden.

Die Sojasauce in einer Schüssel mit Reiswein, Sesamöl und Ingwer zu einer Marinade verrühren. Das Fleisch hineingeben und durch Wenden damit überziehen. Zudecken und 1 Stunde im Kühlschrank durchziehen lassen.

Den Boden eines großen Dämpfeinsatzes mit Backpapier belegen. In das Papier Löcher stechen. Das Fleisch aus der Marinade heben und in den Einsatz geben. Den Dämpfeinsatz verschließen und in einen Topf oder einen Wok mit etwas kochendem Wasser darin setzen. Das Fleisch 6 Minuten dämpfen, dann wenden und weitere 6 Minuten garen. Pak choi darauflegen und noch 2–3 Minuten mitdämpfen.

Inzwischen die Marinade mit Pilzen und Einweichflüssigkeit in einem Topf aufkochen lassen. Speisestärke mit wenig Brühe zu einer Paste verrühren. Mit der restlichen Brühe in den Topf geben; unter Rühren 2 Minuten köcheln lassen, bis sie andickt.

Die Hähnchenbrustfilets mit dem Pak choi auf Tellern anrichten. Mit der Sauce begießen und servieren.

Schweinefilet mit Ananas

Für 4 Personen

400 g Schweinefilet
¼ Ananas
1 EL Öl
4 Knoblauchzehen, gewürfelt
4 Frühlingszwiebeln, gewürfelt
1 EL Fischsauce
1 EL Limettensaft
1 große Handvoll Koriandergrün
1 große Handvoll Minzeblätter,
 gehackt

Das Schweinefilet in 30 Minuten im Tiefkühlgerät anfrieren; anschließend in dünne Scheiben schneiden. Ananas schälen und in mundgerechte Stücke schneiden.

Das Öl im Wok oder in einer hohen Pfanne bei mittlerer bis starker Hitze heiß werden lassen. Knoblauch und Frühlingszwiebeln darin 1 Minute pfannenrühren; herausnehmen.

Wok oder Pfanne sehr heiß werden lassen. Das Fleisch darin portionsweise je etwa 2–3 Minuten pfannenrühren, bis es knapp gar ist. Alles angebratene Fleisch in Wok oder Pfanne geben. Ananas, Fischsauce und Limettensaft untermischen. 1 Minute rühren, bis die Ananasstücke heiß sind.

Koriandergrün und Minze untermischen. Das Gericht sofort mit Reis servieren.

Gebratene Polenta mit Tomaten-Bratwurst-Sauce

Für 4 Personen

250 ml Milch
250 g Maisgrieß (Polenta)
1 TL Salz
50 g Butter
50 g Parmesan, gerieben, mehr zum
  Servieren

Tomaten-Bratwurst-Sauce
3 EL Olivenöl
8 feste kleine Bratwürste
1 Zwiebel, in Halbringe geschnitten
2 Knoblauchzehen, gewürfelt
200 ml Rotwein
1 Dose gehackte Tomaten (400 g)

500 ml Wasser, 250 ml Milch und Salz in einer beschichteten Pfanne aufkochen lassen. Die Polenta mit einem Kochlöffel einrühren und unter ständigem Rühren bei schwacher Hitze kochen, bis sie dick wird. Butter und Parmesan unterrühren. Die Polenta in der Pfanne glatt streichen und abkühlen lassen.

Inzwischen für die Sauce das Öl in einer großen Pfanne erhitzen. Die Würste darin rundherum anbraten; herausnehmen. Die Zwiebel im Öl glasig dünsten, dabei den Bratsatz vom Pfannenboden losschaben.

Den Knoblauch hinzufügen und einige Minuten mitdünsten, dann den Wein angießen. 5 Minuten kochen lassen, bis die Flüssigkeit eingedickt ist. Die Tomaten dazugeben. Sobald die Sauce eindickt, die Würste hineingeben; immer wieder in der Sauce wenden. Die Sauce abschmecken.

Den Backofengrill auf starke Hitze vorheizen. Die Polenta in Dreiecke schneiden. Diese auf jeder Seite etwa 3 Minuten grillen. Alternativ kann man die Polentaecken in der Grillpfanne rösten. Mit Sauce und Würsten auf Tellern anrichten, mit Parmesan bestreuen und servieren.

Blattsalate mit Steakstreifen und süßsauren Gurken

Für 4 Personen

2 kleine unbehandelte Salatgurken
4 TL Zucker
4 EL Rotweinessig
2 EL Öl
400 g Rindersteaks, in Streifen
  geschnitten
8 Frühlingszwiebeln, in Streifen
  geschnitten
2 Knoblauchzehen, zerdrückt
2 EL geriebener frischer Ingwer
2 EL Sojasauce
4 Handvoll Blattsalatmischung

Die Gurken längs halbieren. Die Hälften in dünne Scheiben schneiden, in ein Sieb geben, mit etwas Salz bestreuen und 10 Minuten Wasser ziehen lassen.

Je 2 TL Zucker und Essig in einer Schüssel verrühren, bis sich der Zucker aufgelöst hat. Die Gurkenscheiben kalt abspülen. Gut abtropfen lassen, mit Küchenpapier trocken tupfen und in der Schüssel mit dem gesüßten Essig mischen.

Die Hälfte des Öls in einer Pfanne erhitzen und die Hälfte der Fleischstreifen darin 1 Minute braten; herausnehmen. Mit dem restlichen Öl und dem restlichen Fleisch ebenso verfahren. Alles Fleisch wieder in die Pfanne geben, Frühlingszwiebeln untermischen und alles zusammen 1 Minute braten. Knoblauch und Ingwer hinzufügen, dann die Sojasauce sowie den restlichen Essig und den restlichen Zucker unterrühren. Köcheln lassen, bis die Sauce andickt; sofort vom Herd nehmen.

Auf vier Teller je 1 Handvoll Blattsalat geben. Die Fleischstreifen mit Sauce darauf anrichten und mit ein paar Gurkenscheiben garnieren. Die restlichen Gurken dazu reichen.

Marinierte gefüllte Hähnchenflügel

Für 4 Personen

8 große, fleischige Hähnchenflügel
2–3 EL Speisestärke
Öl, zum Frittieren
2 Frühlingszwiebeln, schräg in Streifen
   geschnitten

Marinade
1½ EL helle Sojasauce
1 EL Honig
2 TL geriebener frischer Ingwer
2 Knoblauchzehen, fein gewürfelt

Füllung
200 g Schweinehackfleisch
50 g gehackte Wasserkastanien
   (Dose; Asienladen)
2 EL gehacktes Koriandergrün
2 TL Speisestärke
3 TL geriebener frischer Ingwer
2 Knoblauchzehen, gewürfelt
2 TL Austernsauce
2 TL helle Sojasauce
¼ TL Sesamöl

Bei den Hähnchenflügeln jeweils die lose Haut des oberen Teils mittig in der Nähe des Gelenks einschneiden. Das Gelenk verdrehen und durchschneiden. Am oberen Teil das Fleisch vorsichtig vom Knochen schaben, ohne die Haut zu verletzen. Knochen herausziehen und wegwerfen. Den Knochen aus der Flügelspitze ziehen, ebenfalls wegwerfen. Die entbeinten Hähnchenteile in eine Schüssel geben.

Die Zutaten für die Marinade in einer Schüssel verrühren. Das Fleisch untermischen. Zudecken und mindestens 1 Stunde, besser noch über Nacht, durchziehen lassen.

Die Zutaten für die Füllung in einer Schüssel mischen. Die Masse mit einem Löffel in die entbeinten Hähnchenflügel geben. Die Flügel in der Speisestärke wenden, überschüssige Stärke abschütteln.

Den Wok halb hoch mit Öl füllen; auf 170 °C erhitzen – ein Brotwürfel bräunt darin in 20 Sekunden. Die gefüllten Flügel darin portionsweise frittieren. Vorsicht: Das Öl darf nicht zu heiß werden, sonst sind die Stücke außen schnell gar, innen aber noch roh. Die frittierten Flügel auf Küchenpapier abtropfen lassen. Mit Frühlingszwiebelringen garnieren. Dazu passen Reis und Blattgemüse.

Schweinebraten mit Zwiebeln und Apfelmus

Für 6–8 Personen

1,5 kg Schweinebraten mit Schwarte
Olivenöl, zum Bestreichen
2 TL Fenchelsamen
1 gute Prise gemahlene Nelke
1 EL Meersalzflocken (Fleur de sel)
6 Zwiebeln, halbiert

Apfelmus
4 Äpfel (z. B. Boskop), geschält,
  entkernt, in Stücke geschnitten
1 EL Zucker
2 Gewürznelken
1 Zimtstange
1–2 EL Zitronensaft (nach Geschmack)

Den Backofen auf 200 °C vorheizen. Die Schwarte des Bratens mehrmals mit 1 cm Abstand und bis 5 mm tief einschneiden. Die Schwarte mit etwas Olivenöl einreiben. Die Fenchelsamen im Mörser grob zerkleinern. In einer Schüssel mit gemahlener Nelke und Salzflocken mischen und die Schwarte damit einreiben, die Mischung dabei gut in die Einschnitte drücken.

Das Fleisch auf ein Bratgitter in einen Bräter legen. 500 ml Wasser in den Bräter gießen. Zwiebelhälften zum Braten legen, das Fleisch im Ofen 30 Minuten braten, bis die Schwarte goldbraun ist. Die Ofentemperatur auf 180 °C reduzieren und das Fleisch noch 1 1/2 Stunden braten. Den Braten aus dem Ofen nehmen, mit Alufolie bedecken; 20 Minuten ruhen lassen.

Inzwischen die Äpfel mit Zucker, Nelken, Zimt und 125 ml Wasser in einen kleinen Topf geben. Rühren, bis sich der Zucker aufgelöst hat, dann alles bei schwacher Hitze 10 Minuten köcheln lassen, bis die Apfelstücke sehr weich sind. Nelken und Zimtstange entfernen. Die Apfelstücke zerdrücken und das Mus mit Zitronensaft abschmecken.

Den Braten in Scheiben schneiden. Mit den Zwiebelhälften anrichten, das Apfelmus dazu reichen.

Pastete mit Ochsenbäckchen, Oliven und Zwiebeln

Ergibt 24 Stück

Füllung
2 EL Olivenöl
500 g küchenfertige Ochsenbäckchen (beim Fleischer vorbestellen), in 1,5 cm große Stücke geschnitten
1 Zwiebel, fein gewürfelt
50 g Pancetta oder anderer durchwachsener Speck, fein gewürfelt
2 Knoblauchzehen, zerdrückt
1 EL Tomatenmark
250 ml Rotwein
125 ml Rinderbrühe
1 TL getrockneter Oregano
75 g entsteinte grüne Oliven, grob zerkleinert

750 g Mürbeteig (ohne Zucker)
1 Ei, verquirlt

Für die Füllung 1 EL Öl in einem großen Topf erhitzen. Das Fleisch darin portionsweise in etwa 5 Minuten rundherum kräftig anbraten. Die Hitze reduzieren. Das restliche Öl im Topf heiß werden lassen. Zwiebel, Speck und Knoblauch darin 3–4 Minuten braten, bis die Zwiebelwürfel weich werden. Das Fleisch und die restlichen Zutaten hinzufügen und alles zugedeckt bei schwacher Hitze 50–60 Minuten schmoren, bis das Fleisch weich ist. Die Füllung mit Salz und Pfeffer abschmecken und offen noch 30 Minuten köcheln lassen, bis die Sauce eingedickt ist; abkühlen lassen.

Ein Backblech in den Backofen schieben und diesen auf 180 °C vorheizen. Die Mulden eines 24er-Mini-Muffinblech ausfetten. Den Teig dünn ausrollen. 24 Teigquadrate (je 10 cm Diagonale) ausschneiden, aus dem restlichen Teig 24 Kreise (je 5–6 cm Ø) ausstechen. Die Mulden mit den Quadraten auskleiden und die Füllung darauf verteilen. Die Ränder der Teigkreise anfeuchten und die Kreise über die Füllung legen; die Ränder zusammendrücken. Überstehenden Teig abschneiden. Die Pastetchen mit Ei bestreichen und in jeden Deckel drei Schlitze schneiden. Auf dem heißen Blech im Ofen 25 Minuten backen, bis sie goldbraun sind. Kurz abkühlen lassen, dann aus den Förmchen nehmen.

Kartoffelgnocchi mit Salbei-Speck-Sauce

Für 4 Personen

1 kg mehligkochende Kartoffeln, ungeschält, rundherum mit einer Gabel eingestochen
200 g Mehl, mehr zum Arbeiten

Salbei-Speck-Sauce
20 g Butter
75 g Pancetta oder anderer durchwachsener Speck in Scheiben, in dünne Streifen geschnitten
8 sehr kleine Salbeiblätter
150 g Sahne
50 g Parmesanspäne

Den Backofen auf 180 °C vorheizen. Die Kartoffeln etwa 1 Stunde (je nach Größe der Kartoffel) im Ofen weich backen, 15 Minuten abkühlen lassen, dann pellen und fein zerdrücken. Nach und nach das Mehl unterrühren. Sobald die Masse zu fest wird, weiteres Mehl mit den Händen unterarbeiten. Den Teig auf einer bemehlten Arbeitsfläche behutsam kneten (er soll weich und formbar sein), dann in sechs Portionen teilen. Jeweils eine Portion zu einer 1,5 cm dicken Rolle formen und diese in 1,5 cm lange Stücke schneiden. Jedes Teigstück mit dem Finger längs eindrücken, die andere Seite über die Zinken einer Gabel rollen. Die Enden der Gnocchi zur Mitte drücken. Gnocchi in reichlich kochendem Salzwasser 1–2 Minuten garen, bis sie nach oben steigen. Mit einem Schaumlöffel herausnehmen und in eine gefettete Auflaufform füllen.

Für die Sauce die Butter in einer Pfanne zerlassen. Speck darin knusprig braten; auf Küchenpapier abtropfen lassen. Salbeiblätter in der Butter knusprig braten; ebenfalls auf Küchenpapier abtropfen lassen. Sahne in die Pfanne geben. Salzen, pfeffern und 5–10 Minuten köcheln lassen, bis sie eingedickt ist. Sauce unter die Gnocchi mischen. Mit Parmesan, Speck und Salbei bestreuen. Im 200 C° heißen Ofen 10–15 Minuten überbacken.

Hackfleischragout mit Püreehaube

Für 6–8 Personen

50 ml Olivenöl
1 große Zwiebel, fein gewürfelt
2 Knoblauchzehen, zerdrückt
2 Selleriestangen, fein gewürfelt
3 Möhren, gewürfelt
2 Lorbeerblätter
1 EL Thymianblättchen, gehackt
1 kg Lammhackfleisch
1 ½ EL Mehl
125 ml Rotwein
2 EL Tomatenmark
1 Dose gehackte Tomaten (400 g)
1,5 kg mehligkochende Kartoffeln,
  geschält, in etwa gleich große
  Stücke geschnitten
50–75 ml Milch
100 g Butter
½ TL geriebene Muskatnuss

In einem großen Topf 2 EL Öl bei mittlerer Hitze heiß werden lassen. Die Zwiebelwürfel darin in 3–4 Minuten glasig dünsten. Knoblauch Sellerie, Möhren, Lorbeerblätter und Thymian hinzufügen und 2–3 Minuten mitdünsten. Das Ganze in eine Schüssel füllen, die Lorbeerblätter wegwerfen.

Das restliche Öl in den Topf geben. Das Hackfleisch darin unter gelegentlichem Rühren 5–6 Minuten braten, bis es nicht mehr rot ist. Das Mehl unterrühren und 1 Minute anschwitzen, dann den Rotwein angießen und in 2–3 Minuten etwas einkochen lassen. Die Gemüsemischung mit Tomatenmark und Tomaten hinzufügen. Alles bei schwacher Hitze zugedeckt unter gelegentlichem Rühren 45 Minuten köcheln lassen. Abschmecken und in eine Auflaufform (3 l Inhalt) füllen und abkühlen lassen. Den Backofen auf 180 °C vorheizen.

In der Zwischenzeit die Kartoffeln in Salzwasser in etwa 30 Minuten gar kochen. Abgießen, dann mit Milch und Butter zerdrücken. Das Püree mit Salz, Pfeffer und Muskat abschmecken. Auf der Hackfleischmischung verteilen und mit einer Gabel auflockern. Das Ganze im heißen Ofen etwa 30 Minuten backen, bis die Oberfläche goldbraun und knusprig ist.

Bratwurst mit Linsen

Für 4 Personen

1 EL Olivenöl
100 g Pancetta oder anderer durchwachsener Speck, gewürfelt
2 rote Zwiebeln, fein gewürfelt
12 kleine würzige Schweinsbratwürste
2 Knoblauchzehen, angedrückt
2 Thymianzweige
300 g grüne Linsen (z. B. Puy-Linsen)
750 g Hühnerbrühe
150 g junger Blattspinat, fein gehackt

Das Öl in einer großen Pfanne bei mittlerer bis starker Hitze heiß werden lassen. Den Speck darin unter Rühren in 5–6 Minuten braun braten; mit einem Schaumlöffel aus der Pfanne nehmen und in eine Schüssel geben.

Die Zwiebelwürfel in der Pfanne unter Rühren in 5–6 Minuten dünsten, bis sie etwas Farbe angenommen haben. Herausheben und zum Speck geben. Die Würste, falls nötig, portionsweise in der Pfanne unter häufigem Wenden in 10 Minuten goldbraun braten.

Speck, Zwiebeln, Knoblauch, Thymian und Linsen in den Topf geben und alles gut mischen. Die Brühe angie-ßen und aufkochen lassen. Alles bei schwacher Hitze zugedeckt 30–35 Mi-nuten köcheln lassen, bis die Linsen weich sind. Den Spinat untermischen und das Gericht mit Salz und Pfeffer abschmecken.

Cheeseburger mit Paprika-Salsa

Für 6 Personen

Paprika-Salsa
2 rote Paprikaschoten
1 vollreife Tomate, fein gewürfelt
1 kleine rote Zwiebel, fein gewürfelt
1 EL Olivenöl
2 TL Rotweinessig

1 kg Rinderhackfleisch
1 kleine Zwiebel, fein gewürfelt
2 EL gehackte Petersilie
1 TL getrockneter Oregano
1 EL Tomatenmark
70 g Cheddar
6 Hamburger-Brötchen
Salatblätter, zum Anrichten

Den Backofengrill vorheizen. Für die Salsa die Paprikaschoten vierteln, von Samen und Trennwänden befreien und mit den Hautseiten nach oben unter dem heißen Grill rösten, bis sie außen angekohlt und blasig sind; herausnehmen, in einen Gefrierbeutel geben und abkühlen lassen. Anschließend häuten und würfeln, die Würfel in einer Schüssel mit Tomate, Zwiebel, Öl und Essig vermischen. Mindestens 1 Stunde bei Raumtemperatur durchziehen lassen, dann servieren.

Das Hackfleisch mit Zwiebel, Kräutern und Tomatenmark zu einem Fleischteig verkneten. Daraus sechs Frikadellen formen. Den Käse in sechs Würfel schneiden und diese in die Frikadellen drücken. Anschließend den Teig darüber glatt streichen.

Die Frikadellen in einer Grillpfanne oder einer herkömmlichen Pfanne bei mittlerer bis starker Hitze auf jeder Seite etwa 5 Minuten braten, bis sie goldbraun und gar sind. Die Brötchen aufschneiden, die Frikadellen darin mit Salatblättern und der Paprika-Salsa anrichten; servieren.

Tipp: Sie können den Cheddar durch Camembert, Brie oder Blauschimmelkäse ersetzen.

Paprika-Huhn mit Knoblauch

Für 6 Personen

1 kg Hähnchenbrustfilet
1 EL Paprikapulver
2 EL Olivenöl
8 Knoblauchzehen, ungeschält
3 EL Weinbrand
125 ml Hühnerbrühe
1 Lorbeerblatt
2 EL gehackte Petersilie

Die Hähnchenbrustfilets von sichtbarem Fett befreien und in große Stücke schneiden. Das Paprikapulver in einer Schüssel mit etwas Salz und Pfeffer mischen. Fleischstücke darin wenden.

In einer großen Pfanne 1 EL Öl bei mittlerer Hitze heiß werden lassen. Die ungeschälten Knoblauchzehen darin in etwa 1–2 Minuten braun braten; herausnehmen und abkühlen lassen. Das Fleisch in dem restlichen Öl (1 EL) bei stärkerer Hitze portionsweise je etwa 5 Minuten kräftig anbraten. Alles Fleisch in die Pfanne geben. Weinbrand angießen. 30 Sekunden kochen lassen, dann Brühe und Lorbeerblatt hinzufügen. Das Ganze aufkochen und bei schwacher Hitze zugedeckt 10 Minuten köcheln lassen.

In der Zwischenzeit den Knoblauch schälen und im Mörser oder mit einer Gabel mit der Petersilie zu einer Paste zerdrücken. Zum Fleisch geben und untermischen. Alles noch 10 Minuten zugedeckt weiterköcheln lassen. Sofort servieren.

Pitabrote mit Taboulé und Lammhackklößchen

Für 4 Personen

500 g mageres Lammfleisch, grob
  gehackt
1 Zwiebel, grob gehackt
1 Bund Petersilie, grob gehackt
1 kleine Handvoll Minze, gehackt
2 TL abgeriebene unbehandelte
  Zitronenschale
1 Messerspitze Cayennepfeffer (oder
  nach Geschmack)
Öl, zum Braten
4 Vollkorn-Pitabrote

Dressing
2 EL Weißweinessig
3 EL Olivenöl

Taboulé
100 g Bulgur
2 vollreife Tomaten, entkernt, gewürfelt
1 kleine unbehandelte Salatgurke,
  entkernt, gewürfelt
1 kleines Bund Petersilie, gehackt
1 kleine Handvoll Minze, gehackt
2 Schalotten, gewürfelt

Zitronen-Joghurt-Sauce
250 g Joghurt
2 TL Zitronensaft

Fleisch und Zwiebel in der Küchenmaschine fein zerkleinern. Petersilie, Minze und Zitronenschale sowie Cayennepfeffer, Salz und Pfeffer (nach Geschmack) untermixen. Aus der Masse 24 kleine Klöße formen. Diese auf einen großen Teller oder eine Platte legen, zudecken und mindestens 30 Minuten kalt stellen. Inzwischen Essig und Olivenöl mit Salz und Pfeffer zu einem Dressing verquirlen; beiseitestellen.

Für das Taboulé den Bulgur nach Packungsangabe in Wasser garen bzw. quellen lassen. Anschließend in einer großen Schüssel mit Tomaten- und Gurkenwürfeln, Petersilie, Minze und Schalotten mischen. Das Dressing hinzufügen und sorgfältig untermischen. Für die Zitronen-Joghurt-Sauce den Joghurt mit dem Zitronensaft verrühren; mit Salz und Pfeffer abschmecken.

In einer beschichteten Pfanne etwas Öl erhitzen. Die Lammklößchen darin portionsweise goldbraun braten; falls nötig, mehr Öl in die Pfanne geben. Den Backofen auf 180 °C vorheizen. Die Pitabrote aufschneiden, in Alufolie wickeln und 10 Minuten im Ofen warm werden lassen. Das Taboulé auf die Hälften verteilen und je 3 Fleischklößchen hinzufügen. Die Zitronen-Joghurt-Sauce separat dazu reichen.

Hackbraten

Für 6 Personen

1 kg Rinderhackfleisch
100 g Semmelbrösel
1 Zwiebel, fein gehackt
2 TL getrocknete gemischte Kräuter
1 Ei
250 g Tomatenmark
Öl, für die Form
2 EL Tomatenketchup

Den Backofen auf 180 °C vorheizen. Das Hackfleisch in einer großen Schüssel mit Semmelbröseln, Zwiebel, Kräutern, Ei und Tomatenmark sowie Salz und Pfeffer (nach Geschmack) in einer Schüssel zu einem Fleischteig verkneten.

Ein Backblech oder eine Auflaufform dünn fetten. Den Teig zu einem Laib formen und diesen auf das Blech bzw. in die Form legen. Im heißen Ofen 1 Stunde backen.

Den Hackbraten mit dem Ketchup bestreichen und weitere 30 Minuten backen. Heiß oder kalt servieren.

Hähnchenschnitzel mit Avocado-Salsa und Quesadillas

Für 4 Personen

Avocado-Salsa
Fruchtfleisch von 1 großen Avocado, gewürfelt
1 große Tomate, entkernt, gewürfelt
1 Schalotte, gewürfelt
3 EL gehacktes Koriandergrün
2 EL Olivenöl
1 EL Limettensaft
3 TL süße Chilisauce
1 Knoblauchzehe, zerdrückt

4 Hähnchenbrustfilets (je etwa 150 g)
70 g Taco-Gewürzmischung
Öl, für den Backofenrost

Quesadillas
200 g Cheddar, gerieben
1½ EL fein gehacktes Koriandergrün
1 kleine rote Chilischote, entkernt, fein gehackt
4 Weizentortillas

Den Backofengrill vorheizen. Inzwischen die Zutaten für die Avocado-Salsa in einer Schüssel behutsam mischen; beiseitestellen.

Hähnchenbrustfilets zwischen zwei Lagen Frischhaltefolie legen und flach drücken. Gewürzmischung in einen tiefen Teller geben. Filets darin wenden, die Mischung etwas andrücken.

Den Backofenrost dünn fetten. Die Schnitzel drauflegen und unter dem heißen Grill auf jeder Seite etwa 5 Minuten garen, bis sie goldbraun und gar sind; herausnehmen und warm halten. Die Ofentemperatur erhöhen.

Für die Quesadillas den Käse in einer Schüssel gründlich mit Koriandergrün, Chili und Salz mischen. Die Tortillas jeweils zur Hälfte damit bestreuen, dann zu Halbmonden zusammenklappen und die Ränder zusammendrücken. Den Backofenrost erneut fetten. Die Quesadillas drauflegen und auf jeder Seite etwa 1 Minute grillen, bis sie dunkle Streifen haben. Auf Küchenpapier abtropfen lassen. Die Hähnchenschnitzel mit Salsa und Quesadillas auf Tellern anrichten.

Tipp: Wenn Sie beim Grillen die Fettpfanne unter den Rost schieben, bleibt der Backofen sauber.

Wraps mit Bratwurst und Ofengemüse

Für 4 Personen

1 EL Olivenöl
400 g Süßkartoffeln, geschält, in
   dünne Scheiben geschnitten
1 große Zucchini, längs geviertelt
4 dicke Bratwürste
Öl, zum Braten
4 Soft-Tortillas
100 g Hummus (Kichererbsenpaste
   mit Sesam; Fertigprodukt)
200 g Taboulé (Fertigprodukt oder
   siehe Seite 192)
süße Chilisauce, zum Beträufeln

Ein Backblech in den Ofen schieben. Den Ofen auf 200 °C vorheizen. Das Öl in einer Schüssel mit Salz und Pfeffer verrühren. Süßkartoffeln und Zucchini darin wenden, dann auf dem heißen Blech ausbreiten und in 40 Minuten weich backen, dabei nach der Hälfte der Garzeit wenden; herausnehmen.

In der Zwischenzeit etwas Öl in einer Pfanne erhitzen. Die Bratwürste darin in 7–10 Minuten goldbraun braten, bis sie gar sind. Herausnehmen und 5 Minuten abkühlen lassen; längs halbieren.

Die Tortilla-Wraps mit Hummus bestreichen und das Taboulé darauf verteilen. Süßkartoffeln, Zucchini und Bratwursthälften darauflegen; mit Chilisauce beträufeln. Die Wraps aufrollen und sofort servieren.

Hamburger mit Estragon-Mayonnaise

Für 6 Personen

Estragon-Mayonnaise
2 Eigelb, mit Raumtemperatur
2 TL Dijonsenf
1 EL Estragonessig (oder nach
    Geschmack)
200 ml Olivenöl
1 EL fein gehackter Estragon

750 g Rinderhackfleisch
80 g Semmelbrösel
½ TL abgeriebene unbehandelte
    Zitronenschale
5 Tropfen Tabasco
1 Ei, verquirlt
Olivenöl, zum Braten
6 Hamburger-Brötchen
Eisbergsalat, in Streifen geschnitten,
    zum Anrichten

Für die Estragon-Mayonnaise die Eigelbe mit einem Schneebesen in einer Schüssel mit Senf und Essig glatt verrühren. Unter ständigem Schlagen das Öl löffelweise dazugeben; mehr Öl erst hinzufügen, wenn die vorherige Portion untergearbeitet ist. Die Mayonnaise mit Salz, Pfeffer und nach Belieben mit etwas Estragonessig abschmecken; den gehackten Estragon untermischen.

Das Fleisch in einer großen Schüssel mit Semmelbröseln, Tabasco und Ei sowie Salz und Pfeffer (nach Geschmack) zu einem Fleischteig verkneten. Daraus sechs Frikadellen formen; diese im Kühlschrank in etwa 30 Minuten fest werden lassen.

Backofengrill vorheizen. Eine Pfanne bei mittlerer Hotze heiß werden lassen. Etwas Öl hineingeben und durch Schwenken verteilen. Die Frikadellen darin auf jeder Seite etwa 8 Minuten braten, dabei einmal wenden.

In der Zwischenzeit die Brötchen aufschneiden und unter dem heißen Backofengrill mit den Schnittflächen nach oben goldbraun rösten; aus dem Ofen nehmen und warm halten. Frikadellen mit den Salatstreifen auf den Brötchen anrichten. Etwas Mayonnaise daraufgeben, den Rest separat dazu reichen.

Hähnchen in Pilz-Tomaten-Sauce

Für 4 Personen

3 EL Olivenöl
1 große Zwiebel, fein gewürfelt
3 Knoblauchzehen, zerdrückt
1 Selleriestange, fein gewürfelt
150 g Pancetta oder anderer durchwachsener Speck, fein gewürfelt
125 g Champignons, in dünne Scheiben geschnitten
4 Hähnchenunterschenkel
4 Hähnchenoberschenkel
100 ml trockener Wermut oder Weißwein
2 Dosen gehackte Tomaten (je 400 g)
1 gute Prise Zucker
1 Zweig Oregano, mehr zum Garnieren
1 Rosmarinzweig
1 Lorbeerblatt

Die Hälfte des Öls in einem großen Topf bei schwacher Hitze heiß werden lassen. Die Zwiebelwürfel darin mit Knoblauch, Sellerie und Speck 6–8 Minuten braten, bis sie glasig und goldgelb sind. Die Pilze dazugeben und bei stärkerer Hitze unter gelegentlichem Rühren 4–5 Minuten mitbraten. Die Mischung auf einen Teller geben und beiseitestellen.

Das restliche Öl in den Topf geben. Die Hähnchenteile darin portionsweise kurz anbraten, dabei mit Salz und Pfeffer würzen. Alle Hähnchenteile in den Topf geben. Wermut oder Wein angießen und bei starker Hitze kochen lassen, bis die Flüssigkeit fast vollständig verdampft ist.

Tomaten, Zucker, Oregano, Rosmarin, Lorbeer und 100 ml Wasser hinzufügen. Alles aufkochen lassen, dann die Zwiebelmischung unterrühren. Zugedeckt bei schwacher Hitze 30 Minuten schmoren, bis das Fleisch weich ist, aber sich noch nicht von den Knochen löst. Falls die Sauce zu dünnflüssig ist, das Fleisch herausheben und die Flüssigkeit bei stärkerer Hitze einkochen lassen. Die Kräuter herausnehmen und wegwerfen, die Sauce abschmecken. Das Fleisch wieder in die Sauce geben. Das Gericht mit Oregano garnieren und servieren.

Geschmortes Rindfleisch auf griechische Art

Für 8 Personen

4 EL Olivenöl
2 kg Rinderschmorfleisch (Schulter),
  in 3 cm große Würfel geschnitten
1 TL gemahlener Kreuzkümmel
2 Zwiebeln, fein gewürfelt
3 Knoblauchzehen, zerdrückt
250 ml Rotwein
3 EL Tomatenmark
4 EL Rotweinessig
2 Zimtstangen
10 Gewürznelken
2 Lorbeerblätter
2 TL Zucker
1 kg kleine Zwiebeln
4 EL Korinthen
200 g Feta, klein gewürfelt

2 EL Öl in einem großen Topf bei starker Hitze heiß werden lassen. Die Fleischwürfel darin portionsweise je 3–4 Minuten rundherum kräftig anbraten; falls nötig, mehr Öl hinzufügen. Anschließend in eine Schüssel geben, mit dem Kreuzkümmel bestreuen und beiseitestellen. Erneut Öl in den Topf geben. Die Zwiebelwürfel darin mit dem Knoblauch unter Rühren bei schwacher Hitze in 5–6 Minuten glasig werden lassen. Das Fleisch wieder in den Topf geben.

Den Wein angießen und bei stärkerer Hitze den Bratensatz vom Topfboden losschaben. 500 ml Wasser sowie Tomatenmark, Essig, Zimt, Nelken, Lorbeerblätter und Zucker dazugeben. Salzen und pfeffern; aufkochen lassen, dann den Topf mit zwei Lagen Alufolie und dem Deckel verschließen und das Fleisch bei schwacher Hitze zugedeckt 1 Stunde schmoren.

Die Zwiebeln schälen und unten jeweils kreuzförmig einschneiden. Mit den Korinthen in den Topf geben und alles 1 Stunde weitergaren, bis das Fleisch sehr weich und die Sauce dickflüssig ist. Zimt und Lorbeer herausnehmen und wegwerfen. Das Gericht sofort servieren, den Feta zum Bestreuen dazu reichen.

Brathähnchen mit Speck-Salbei-Füllung

Für 6 Personen

2 Brathähnchen (je etwa 1,2 kg)
2 EL Olivenöl
1 kleine Zwiebel, fein gewürfelt
6 dünne Scheiben durchwachsener
  Speck, 2 davon fein gewürfelt,
  die restlichen in dünne Streifen
  geschnitten
1 EL gehackter Salbei
125 g frische Brotkrumen
1 Ei, verquirlt

Weinsauce
2 EL Mehl
2 TL Worcestersauce
2 EL Rot- oder Weißwein
500 ml Rinder- oder Hühnerbrühe

Den Backofen auf 180 °C vorheizen. Die Hähnchen trocken tupfen. In einer Pfanne 1 EL Öl erhitzen. Zwiebel- und Speckwürfel darin unter Rühren 7–8 Minuten braten, bis die Zwiebeln weich sind und der Speck zu bräunen beginnt. In eine Schüssel geben. Salbei, Brotkrumen und Ei hinzufügen. Alles sorgfältig mischen; salzen und pfeffern. Die Füllung in die Hähnchen geben. Die Flügelspitzen nach hinten biegen und unter die Rücken der Hähnchen stecken, die Beine mit Küchengarn zusammenbinden.

Die Hähnchen auf das Bratgitter einer Bratform legen, mit Öl bestreichen und mit den Speckstreifen belegen. Den Speck ebenfalls mit Öl bestreichen. 250 ml Wasser in die Form gießen; für 45–60 Minuten in den Ofen schieben. Zur Garprobe mit einer Messerspitze in einen Hähnchenschenkel stechen. Der herausrinnende Saft muss klar sein. Die Hähnchen mit Alufolie bedecken und warm halten.

Für die Sauce das Fett bis auf 2 EL aus der Form gießen. Die Form auf den Herd stellen. Bei mittlerer Hitze das Mehl hineinstreuen und unter Rühren braun werden lassen. Nach und nach Worcestersauce, Wein und Brühe hineingeben. Die Sauce unter Rühren aufkochen, dann 2 Minuten köcheln lassen; abschmecken.

Würzige Schweinefleisch-spieße mit Knoblauchsauce

Für 4 Personen

2 TL Fenchelsamen
2 TL Koriandersamen
1 EL Olivenöl
800 g Schweinenacken, in 2 cm große
   Würfel geschnitten
Zitronenhälften, zum Servieren

Knoblauchsauce
1 dicke Scheibe Weißbrot, entrindet
4 Knoblauchzehen, grob gehackt
½ TL grobes Meersalz
3 EL Olivenöl
1 ½ EL Zitronensaft

Fenchel- und Koriandersamen in einer Pfanne ohne Fett bei schwacher bis mittlerer Hitze etwa 30 Sekunden rösten, bis Duft aufsteigt. Anschließend in der Gewürzmühle oder im Mörser fein zerkleinern, dann in einer Schüssel mit dem Öl verrühren. Das Fleisch hinzufügen und alles gründlich mischen. Zudecken und 2 Stunden kalt stellen.

In der Zwischenzeit für die Sauce das Brot in Stücke zupfen. Diese in einer Schüssel mit warmem Wasser bedecken. 5 Minuten einweichen, dann ausdrücken. Den Knoblauch im Mörser mit dem Salz zu einer Paste zerdrücken (oder mit dem Salz im Blitzhacker fein zerkleinern). Nach und nach das Brot, anschließend esslöffelweise das Öl, dann 3 EL heißes Wasser unterarbeiten und zum Schluss den Zitronensaft unterrühren. Die fertige Sauce sollte glatt und cremig sein.

Den Backofengrill vorheizen. Das Fleisch auf Metallspieße stecken; kräftig salzen und pfeffern. 6–8 Minuten grillen, bis es durchgegart ist, dabei einmal wenden. Die Spieße auf einer Servierplatte anrichten und mit etwas Knoblauchsauce beträufeln. Zitronenhälften und die restliche Sauce dazu servieren.

Chili con carne

Für 4 Personen

1 EL Raps- oder Olivenöl
1 große Zwiebel, gewürfelt
1 grüne Paprikaschote, gewürfelt
2 Knoblauchzehen, fein gewürfelt
1 kleine rote Chilischote, entkernt,
  gehackt
1–2 TL Chilipulver (Gewürzmischung)
1 TL gemahlener Kreuzkümmel
500 g Rinderhackfleisch
1 Dose gehackte Tomaten (400 g)
1 EL Tomatenmark
1 EL Maisgrieß (Polenta)
1 Dose rote Kidneybohnen (420 g)
1 große Handvoll Petersilie

Den Backofen auf 180 °C vorheizen. Das Öl in einem backofenfesten Schmortopf bei schwacher Hitze heiß werden lassen. Zwiebel, Paprika, Knoblauch und Chili darin 3–4 Minuten dünsten. Das Chilipulver unterrühren und 1 Minute mitdünsten.

Das Hackfleisch hinzufügen und unter Rühren bei mittlerer Hitze 10–12 Minuten braten, bis es krümelig und nicht mehr braun ist; Klümpchen dabei mit dem Löffelrücken zerdrücken.

Die Tomaten, das Tomatenmark, 125 ml Wasser und den Maisgrieß untermischen. Das Ganze zugedeckt im heißen Ofen 40 Minuten garen.

Die Bohnen in ein Sieb schütten, abspülen und abtropfen lassen; untermischen. Das Gericht abschmecken, mit Petersilie bestreuen und sofort servieren. Dazu passt Reis.

Maisröllchen mit Hähnchenfüllung

Für 4 Personen

Teig
4 EL Sahne
4 EL Geflügelfond
100 g weiche Butter
1 Knoblauchzehe, zerdrückt
1 TL gemahlener Kreuzkümmel
1 TL Salz
210 g Masa Harina (spezielles Mais-mehl für Tortillas)

Füllung
1 Maiskolben
2 EL Öl
150 g Hähnchenbrustfilet
2 Knoblauchzehen, zerdrückt
1 rote Chilischote, von den Samen befreit, gehackt
1 rote Zwiebel, gewürfelt
1 rote Paprikaschote, gewürfelt
2 Tomaten, gehäutet und gehackt
1 TL Salz

saure Sahne und gehackte Koriander-blätter, zum Servieren

Für den Teig Sahne und Geflügelfond verrühren. Die Butter cremig schlagen. Knoblauch, Kreuzkümmel und Salz hinzufügen und gut untermischen. Abwechselnd Masa Harina und die Sahnemischung darunterrühren.

Für die Füllung den Maiskolben in kochendem Wasser 5–8 Minuten kochen lassen, bis die Körner weich sind. Abkühlen lassen, die Körner vom Kolben schneiden. Öl in einer Pfanne erhitzen. Hähnchenbrust darin auf jeder Seite 5 Minuten hell braten. Herausnehmen, abkühlen lassen und in feine Streifen schneiden. Knoblauch, Chili, Zwiebel in der Pfanne 2–3 Minu-ten dünsten. Paprika und Mais hinzu-fügen und 3 Minuten mitgaren. Fleisch, Tomaten und Salz dazugeben. Das Ganze 15 Minuten köcheln lassen, bis die Flüssigkeit eingekocht ist.

Aus Backpapier 12 Stücke (je 20 x 15 cm) zuschneiden. Teig dick daraufstreichen, dabei rundum einen Rand frei lassen. Die Füllung darauf-geben; den Teig mithilfe des Papiers aufrollen. Rollen mit Küchengarn umwickeln. Nebeneinander in einen Dämpfkorb legen. Korb schließen, in den Wok oder in einen Topf über kochendes Wasser setzen. Die Röll-chen 35 Minuten dämpfen, bis sie fest sind. Röllchen auswickeln. Mit saurer Sahne und Koriandergrün servieren.

Geschmorter Ochsenschwanz

Für 6 Personen

3 EL Olivenöl
16 Stücke Ochsenschwanz
  (etwa 1,5 kg)
4 kleine Kartoffeln, halbiert
1 große Zwiebel, gewürfelt
2 Möhren, gewürfelt
250 g kleine Champignons
2 EL Mehl
750 ml Rinderbrühe
1 TL getrockneter Majoran
2 EL Worcestersauce

Den Backofen auf 180 °C vorheizen. In einer großen Pfanne 2 EL Öl bei mittlerer bis starker Hitze heiß werden lassen. Die Ochsenschwanzstücke darin portionsweise in je etwa 5 Minuten rundherum kräftig anbraten; in einen Bräter geben, die Kartoffeln hinzufügen.

Das restliche Öl (1 EL) in der Pfanne bei mittlerer Hitze heiß werden lassen. Die Zwiebelwürfel darin mit den Möhren unter Rühren in etwa 5 Minuten glasig dünsten, dann ebenfalls in den Bräter geben.

Die Pilze in der Pfanne bei mittlerer Hitze unter Rühren 5 Minuten braten; falls nötig, mehr Öl hinzufügen. Das Mehl dazugeben und unter Rühren bei schwacher Hitze anschwitzen. Nach und nach unter Rühren die Brühe angießen und aufkochen lassen. Majoran und Worcestersauce unterrühren und die Sauce abschmecken; zu den Zutaten im Bräter schütten.

Den Bräter mit dem Deckel verschließen. Das Fleisch im heißen Ofen 1½ Stunden schmoren. Den Bräter öffnen und das Gericht noch 30 Minuten garen, bis das Ochsenschwanzfleisch sehr weich ist.

Rindfleischröllchen in Tomatensauce

Für 4 Personen

1 EL Olivenöl
1 Zwiebel, fein gewürfelt
2 Selleriestange, fein gewürfelt
125 ml Rotwein
1 Dose gehackte Tomaten (400 g)
2 EL Tomatenmark
2 TL Zucker
2 Thymianzweige

Füllung
1 Bund Petersilie, gehackt
50 g Parmesan, gerieben
3 Knoblauchzehen, fein gewürfelt
abgeriebene Schale von 2 großen
  unbehandelten Zitronen

8 Minutensteaks vom Rind
  (je etwa 85 g)
1 EL Öl
in Streifen geschnittene Kräuter,
  zum Garnieren

Das Öl in einer großen beschichteten Pfanne mit hohem Rand erhitzen. Zwiebel- und Selleriewürfel darin 2–3 Minuten dünsten. Den Wein angießen und auf ein Drittel einkochen lassen. Tomaten, Tomatenmark, Zucker und Thymian untermischen. Die Sauce unter gelegentlichem Rühren 30 Minuten offen köcheln lassen, bis sie eingedickt ist. Die Thymianzweige herausfischen und wegwerfen.

In der Zwischenzeit die Petersilie mit Käse, Knoblauch und Zitronenschale mischen. Die Steaks auf 5 mm Dicke flach drücken und mit Küchenpapier trocken tupfen. Die Petersilienmischung auf die Fleischscheiben verteilen. Die Scheiben fest aufrollen und mit Holzspießchen zusammenstecken.

Zum Braten der Röllchen das Öl in einer zweiten Pfanne erhitzen. Die Fleischröllchen darin rundherum kräftig anbraten, dann nebeneinander in die Tomatensauce legen. Die Sauce aufkochen und zugedeckt 45 Minuten köcheln lassen, bis das Fleisch weich ist; die Röllchen dabei ein- bis zweimal wenden.

Je 2 Röllchen mit Sauce auf Tellern anrichten. Mit Kräutern bestreuen und sofort servieren.

Geschmorte Schweine-koteletts mit Rotkohl

Für 4 Personen

Rotkohl
2 EL Butterschmalz
1 Zwiebel, fein gewürfelt
1 Knoblauchzehe, zerdrückt
1 kleiner Rotkohl, in Streifen geschnitten oder gehobelt
1 Apfel, geschält, entkernt, in dünne Scheiben geschnitten
4 EL Rotwein
1 EL Rotweinessig
¼ TL gemahlene Nelke
1 EL fein gehackter Salbei

1 EL Butterschmalz
4 Schweinekoteletts (je etwa 200 g)
4 EL Weißwein
400 ml Hühnerbrühe
3 EL Sahne
1½ EL Dijonsenf

Für den Rotkohl das Butterschmalz in einem großen Topf bei mittlerer Hitze zerlassen. Die Zwiebelwürfel darin mit dem Knoblauch unter Rühren in 6–7 Minuten glasig dünsten. Die restlichen Zutaten sowie Salz und Pfeffer (nach Geschmack) hinzufügen. Den Kohl bei sehr schwacher Hitze zugedeckt 30 Minuten schmoren, dann offen unter Rühren bei mittlerer bis starker Hitze die Flüssigkeit in etwa 5 Minuten verdampfen lassen.

In der Zwischenzeit für das Fleisch das Butterschmalz in einer Pfanne bei mittlerer bis starker Hitze zerlassen. Die Koteletts darin auf jeder Seite 2 Minuten kräftig anbraten. Salzen und pfeffern, dann Wein und Brühe dazugießen. Die Pfanne mit dem Deckel verschließen und das Fleisch bei schwacher Hitze 15–20 Minuten schmoren. Die Koteletts auf eine vorgewärmte Platte legen, locker mit Alufolie bedecken und ruhen lassen.

Die Flüssigkeit aus der Pfanne durch ein Sieb in einen Krug gießen; wieder in die Pfanne geben. Aufkochen und auf ein Drittel einkochen lassen. Sahne und Senf untermischen. Die Sauce unter Rühren bei sehr schwacher Hitze etwas einkochen lassen. Die Koteletts mit dem Rotkohl auf vorgewärmten Tellern anrichten, mit der Sauce beträufeln und servieren.

Kreolische Hähnchenbrust mit Tomaten-Mais-Salsa

Für 4 Personen

2 Maiskolben
2 vollreife Tomaten, gewürfelt
1 kleine Salatgurke, gewürfelt
2 EL grob gehacktes Koriandergrün
3 EL Cajun-Gewürzmischung
4 Hähnchenbrustfilets (je etwa 200 g)
2 EL Limettensaft
gehackte Petersilie, zum Bestreuen
Limettenhälften, zum Servieren

Die Maiskolben in sprudelnd kochendem Wasser garen, bis die Körner weich sind (das dauert 20–30 Minuten, je nach Alter der Kolben); herausnehmen. Die Körner mit einem scharfen Messer von den Kolben lösen. Mit Tomate, Gurke und Koriandergrün in eine Schüssel geben und alles gut mischen.

Die Gewürzmischung auf einem Teller verteilen. Die Hähnchenbrustfilets zwischen zwei Lagen Frischhaltefolie auf 2 cm Dicke flach drücken, dann in der Gewürzmischung wenden. Eine Grillpfanne bei mittlerer Hitze heiß werden lassen und dünn mit Öl ausfetten. Das Fleisch darin auf jeder Seite etwa 5 Minuten braten, bis es gar ist.

Unmittelbar vor dem Servieren den Limettensaft unter die Salsa mischen. Die Hähnchenbrustfilets mit der Salsa auf Tellern anrichten und sofort mit den Limettenhälften servieren. Dazu passen grüner Salat und Brot.

Rindfleisch auf thailändische Art

Für 4 Personen

400 g Rindersteak, quer zur Faser in
   dünne Streifen geschnitten
2 rote Chilischoten, entkernt, gehackt
3 Knoblauchzehen, zerdrückt
1 TL brauner Zucker
2 EL Fischsauce
2 TL Rapsöl
150 g Spargelbohnen (Asienladen)
   oder Prinzessbohnen, in 3 cm lange
   Stücke geschnitten
150 g Zuckerschoten
1 große Möhre, in lange Stifte
   geschnitten
1 Handvoll Thai-Basilikum

Das Fleisch in einer Schüssel mit Chili, Knoblauch, Zucker, Fischsauce und 1 TL Öl mischen. Zudecken und für 2 Stunden in den Kühlschrank stellen.

Bohnen, Zuckerschoten und Möhrenstifte für 2 Minuten in reichlich sprudelnd kochendes Wasser geben; abgießen und kalt abschrecken.

Das restliche Öl (1 TL) in einer großen beschichteten Pfanne bei starker Hitze heiß werden lassen. Das Fleisch darin portionsweise je 2 Minuten unter Rühren scharf anbraten.

Alles Fleisch in die Pfanne geben. Gemüse und Basilikum hinzufügen. Alles unter Rühren heiß werden lassen; sofort servieren. Dazu passt Klebreis, beispielsweise Jasminreis.

Provenzalischer Hähnchentopf

Für 6 Personen

1 EL Olivenöl
1,5 kg Hähnchenteile
1 Zwiebel, gewürfelt
1 rote Paprikaschote, gewürfelt
4 EL Weißwein
4 EL Hühnerbrühe
1 Dose gehackte Tomaten (400 g)
2 EL Tomatenmark
100 g schwarze Oliven
in Streifen geschnittenes Basilikum,
   zum Garnieren

Das Öl in einem großen Topf bei starker Hitze heiß werden lassen. Die Hähnchenteile darin portionsweise je 3–4 Minuten anbraten. Alle Hähnchenteile mit Zwiebel und Paprika in den Topf geben. Alles unter Rühren 2–3 Minuten dünsten, bis die Zwiebelwürfel glasig sind.

Wein, Brühe, Tomaten, Tomatenmark und Oliven hinzufügen. Alles aufkochen, dann zugedeckt 30 Minuten köcheln lassen. Die Hähnchenteile wenden und das Gericht offen weitere 30 Minuten köcheln lassen, bis das Fleisch weich und die Sauce eingedickt ist. Abschmecken, mit Basilikum garnieren und mit Reis oder Brot servieren.

Rindfleischcurry mit Spinat

Für 4 Personen

2 EL Öl
1 Zwiebel, fein gehackt
2 Knoblauchzehen, fein gehackt
2 TL gemahlener Kreuzkümmel
2 TL gemahlener Koriander
2 TL Paprikapulver
1 TL Garam Masala
1 TL gemahlene Kurkuma
½ TL fein gehackte rote Chilischote
1 TL fein gehackte grüne Chilischote
2 TL geriebener frischer Ingwer
500 g Rinder- oder Lammhackfleisch
1 Tomate, gehackt
250 ml Rinderbrühe
500 g junger Blattspinat, tropfnass
  vom Waschen
200 g Joghurt

In einem großen Topf 1 EL Öl bei mittlerer Hitze heiß werden lassen. Die Zwiebelwürfel darin goldbraun braten. Knoblauch, Kreuzkümmel, Koriander, Paprikapulver, Garam Masala, Kurkuma, Chilis und Ingwer hinzufügen und 1 Minute mitbraten; aus der Pfanne nehmen.

Das restliche Öl (1 EL) im Topf bei starker Hitze heiß werden lassen. Das Hackfleisch darin braten, bis es krümelig und nicht mehr rot ist; Klümpchen dabei mit dem Kochlöffelrücken zerdrücken. Zwiebelmischung, Tomate und Brühe dazugeben.

Alles aufkochen und bei schwacher Hitze etwa 1 Stunde köcheln lassen. Den Spinat untermischen und unter Rühren zusammenfallen lassen. Das Gericht abschmecken; heiß servieren. Den Joghurt cremig rühren und dazu reichen.

Tipp: Wenn Sie die Hackfleischmischung am Vortag zubereiten und über Nacht kalt stellen, können sich die Aromen besonders gut entwickeln.

Fisch

Karibische Fischsuppe

Für 6 Personen

2 Tomaten
2 EL Öl
4 Schalotten, fein gewürfelt
2 Selleriestangen, gewürfelt
2 große rote Paprikaschoten,
  gewürfelt
1 rote Chilischote, von den Samen
  befreit, fein gehackt
½ TL gemahlenes Piment
½ TL geriebene Muskatnuss
1 l Fischfond (siehe Info)
300 g Süßkartoffeln, geschält,
  gewürfelt
50 ml Limettensaft (oder nach
  Geschmack)
500 g festfleischiges Fischfilet ohne
  Haut (z. B. Rotbarsch), in Stücke
  geschnitten

Die Tomaten kreuzförmig einritzen
und für 30 Sekunden in kochendes
Wasser legen, dann kalt abschrecken.
Anschließend häuten, halbieren, entkernen und würfeln.

Das Öl in einem großen Topf erhitzen.
Schalotten, Sellerie, Paprika, Chili, Piment und Muskat darin unter gelegentlichem Rühren 4–5 Minuten dünsten.
Tomaten und Fischfond hinzufügen;
aufkochen lassen. Süßkartoffeln sowie
Salz und Pfeffer (nach Geschmack) in
die Suppe geben und die Suppe etwa
15 Minuten zugedeckt köcheln lassen,
bis die Süßkartoffelstücke weich sind;
den Limettensaft untermischen.

Die Fischstücke in die Suppe geben
und 4–5 Minuten in der schwach
köchelnden Suppe gar ziehen lassen.
Die Suppe abschmecken und sofort
servieren. Dazu passt knuspriges Brot.

Info: Selbst gekochter Fischfond ist
relativ preiswert, da er aus Fischabfäl-
len wie Köpfen und Fischabschnitten
zubereitet wird; teurer dagegen ist
fertig gekaufter.

Fischfrikassee mit Kartoffelhaube

Für 4 Personen

Kartoffelhaube
500 g mehligkochende Kartoffeln,
  geschält und gewürfelt
60 ml Milch oder 60 g Sahne
1 Ei, leicht verquirlt
30 g Butter
30 g Cheddar, fein gerieben

800 g Seelachsfilet, in große Stücke
  geschnitten
375 ml Milch
30 g Butter
1 Zwiebel, fein gewürfelt
1 Knoblauchzehe, zerdrückt
2 EL Mehl
2 EL Zitronensaft
2 TL abgeriebene unbehandelte
  Zitronenschale
1 EL gehackter Dill
30 g Cheddar, fein gerieben

Den Backofen auf 180 °C vorheizen.
Für die Kartoffelhaube die Kartoffelwürfel in Salzwasser garen; abgießen
und zerdrücken. Die Milch oder die
Sahne heiß werden lassen und unter
die zerdrückten Kartoffeln schlagen.
Das Püree abschmecken, dann Ei
und Butter sowie den Cheddar unterrühren. Das Püree warm stellen.

Fischfiletstücke in einer Pfanne mit
der Milch begießen; aufkochen lassen. Bei schwacher Hitze 2 Minuten
köcheln lassen, bis die Stücke nicht
mehr glasig sind und sich leicht zerpflücken lassen. Abgießen, die Milch
dabei auffangen. Den Fisch in eine
Auflaufform (1,5 l Inhalt) geben.

Die Butter in einer Pfanne zerlassen.
Zwiebel und Knoblauch darin 2 Minuten dünsten. Das Mehl dazugeben
und in 1 Minute hell anschwitzen. Vom
Herd nehmen und nach und nach
die aufgefangene Milch unterrühren.
Den Topf wieder auf den Herd stellen
und die Sauce unter ständigem Rühren kochen und andicken lassen.
Zitronensaft und -schale sowie den
Dill unterrühren, die Sauce abschmecken und mit dem Fisch mischen.
Die Kartoffelmasse auf das Frikassee
löffeln und mit dem Käse bestreuen.
Das Ganze 35 Minuten backen, bis
die Kartoffelhaube goldbraun wird.

Gegrillte Sardinen
mit Basilikum und Zitrone

Für 4 Personen

1 Zitrone
12 küchenfertige frische Sardinen,
  geschuppt
grobes Meersalz, zum Würzen
4 EL Olivenöl
Basilikumblättchen, zum Garnieren

Den Backofengrill vorheizen. Die Zitrone in dünne Scheiben schneiden, die Scheiben halbieren. Die Sardinen mit den Zitronenscheiben füllen, dann mit grobem Meersalz und schwarzem Pfeffer würzen.

Die Fische auf ein Backblech legen, mit der Hälfte des Olivenöls beträufeln und auf jeder Seite etwa 3 Minuten grillen, bis ihr Fleisch nicht mehr glasig ist. Herausnehmen und in eine Servierschale legen.

Die Sardinen mit dem restlichen Öl beträufeln und mit Basilikumblättchen garnieren. Warm servieren.

Reistopf mit Lachs

Für 4 Personen

1 l Fischfond (siehe Info Seite 230)
400 g Lachsfilet ohne Haut
3 EL Butter
2 EL Öl
1 Zwiebel, gewürfelt
2 TL Madras-Currypaste
200 g Langkornreis
2 hart gekochte Eier, geviertelt
3 EL gehackte Petersilie
3 EL Sahne (nach Belieben)
Zitronenschnitze, zum Servieren

Den Fischfond in einer Pfanne aufkochen lassen. Den Lachs hineinlegen und zugedeckt im köchelnden Fond in etwa 3 Minuten gar ziehen lassen, bis das Filet nicht mehr glasig ist. Filet aus der Pfanne heben und mit den Fingerspitzen behutsam zerpflücken.

Die Hälfte der Butter mit dem Öl in einer Pfanne bei schwacher Hitze zerlassen. Die Zwiebelwürfel darin in etwa 5 Minuten glasig dünsten. Erst die Currypaste, dann den Reis untermischen; rühren, bis die Körner von Fett überzogen sind. Den Fischfond angießen und aufkochen lassen.

Das Ganze zugedeckt bei sehr schwacher Hitze 8 Minuten köcheln lassen. Den Lachs dazugeben und das Gericht noch 5 Minuten köcheln lassen, bis der Reis die gesamte Flüssigkeit aufgenommen hat. Falls der Reis zu trocken und noch nicht gar ist, einen Schuss Wasser hinzufügen und das Gericht weitere 1–2 Minuten köcheln lassen.

Die restliche Butter, die Eier, die Petersilie und (nach Belieben) die Sahne untermischen. Das Gericht mit Zitronenschnitzen servieren.

Fischtörtchen mit Kräutern

Für 8 Personen

150 g Mehl
100 g kalte Butter, in Stückchen
1 EL gehackter Thymian
1 EL gehackter Dill
2 EL gehackte Petersilie
100 g Cheddar oder Emmentaler,
   fein gerieben
etwa 75 ml eiskaltes Wasser

Belag
400 g festfleischiges Fischfilet (z. B.
   Rotbarsch, Seelachs oder Tilapia)
2 Frühlingszwiebeln, fein gewürfelt
2 EL gehackte Petersilie
50 g Cheddar, fein gerieben
2 Eier
125 g Sahne

Acht Tartelettförmchen (je 10 cm Ø)
fetten. Das Mehl in eine Schüssel
sieben und mit der Butter zu Streuseln
verreiben; Kräuter und Käse unterrühren. Eine Mulde in die Mitte drücken
und den Großteil des Eiswassers
hineingeben. Alles zuerst mit einem
Messer zusammenhacken, dann mit
den Händen verkneten. Falls nötig,
mehr Wasser hinzufügen. Den Teig
zur Kugel formen, in Frischhaltefolie
wickeln und 15 Minuten kühl stellen.

Den Backofen auf 200 °C vorheizen.
Den Teig in acht Portionen teilen.
Diese ausrollen und die Förmchen
damit auskleiden. Die Teigböden mit
Backpapier belegen und mit getrockneten Hülsenfrüchten beschweren. Im
heißen Ofen 10 Minuten blindbacken.
Papier und Hülsenfrüchte entfernen,
die Böden weitere 10 Minuten backen,
bis sie gebräunt sind; abkühlen lassen.

Den Fisch in einer Pfanne mit kaltem
Wasser bedecken. Aufkochen und bei
schwacher Hitze 3 Minuten köcheln
lassen; herausheben, auf Küchenpapier abtropfen lassen. Abkühlen
lassen und mit einer Gabel zerpflücken. Auf die Teigböden verteilen, mit
Frühlingszwiebeln, Petersilie und Käse
bestreuen. Die Eier mit der Sahne verquirlen; auf die Teigböden gießen. Die
Törtchen 25 Minuten backen, bis der
Eierguss gestockt ist. Sofort servieren.

Gefüllte Sardinen auf marokkanische Art

Für 4 Personen

Couscous-Füllung
75 g Instant-Couscous
2 EL Olivenöl
2 EL gehackte getrocknete Aprikosen
3 EL Rosinen
1 EL gehobelte Mandeln, geröstet
1 EL gehackte Petersilie
1 EL gehackte Minze
abgeriebene Schale von 1 unbehandelten Orange
2 EL Orangensaft
1 TL fein gehackte Schale von 1 in Salz eingelegten Zitrone (nach Belieben)
1 TL gemahlener Zimt
$1/2$ TL Harissa (scharfe nordafrikanische Würzpaste)

16 große frische Sardinen ohne Schwänze und Mittelgräten, aufgeklappt
16 große Weinblätter, frisch oder eingelegt
400 g griechischer Sahnejoghurt

Den Couscous in eine Schüssel geben. 1 EL Olivenöl und $2^1/2$ EL kochend heißes Wasser hinzufügen. Alles verrühren und den Couscous 10 Minuten quellen lassen.

Den Couscous mit eine Gabel auflockern. Aprikosen, Rosinen, Mandeln, Petersilie, Minze, Orangenschale und -saft, Zitronenschale (nach Belieben), Zimt, Harissa und das restliche Öl (1 EL) unterrühren. Die Masse mit Salz und Pfeffer würzen.

Die Sardinen mit den Innenseiten nach oben zurechtlegen. Die Füllung daraufgeben (übrige Füllung separat reichen) und die Sardinen zusammenklappen. Falls frische Weinblätter verwendet werden, diese portionsweise für 30 Sekunden in kochendes Wasser geben; herausheben und mit Küchenpapier trocken tupfen. In jedes Weinblatt eine Sardine wickeln und die Blätter mit Holzspießchen zustecken.

Eine Grillpfanne erhitzen. Die Sardinen darin 6 Minuten braten, dabei nach 3 Minuten wenden. Zum Servieren auf jede Sardine etwas Joghurt geben und den restlichen Couscous zu den Fischen reichen.

Provenzalischer Fisch

Für 4 Personen

1 kleine rote Paprikaschote, in dünne
  Streifen geschnitten
250 g Pastasauce (Fertigprodukt)
1 EL gehackter Thymian
40 g Butter
4 große Stücke festfleischiges Fischfilet (z. B. Seelachs oder Rotbarsch)
  ohne Haut
Thymian, zum Garnieren

Paprikastreifen mit Pastasauce und
gehacktem Thymian in einer Schüssel
gründlich mischen.

Die Hälfte der Butter in einer beschichteten Pfanne bei starker Hitze heiß
werden lassen. Den Fisch darin 1 Minute braten, dabei die restliche Butter
in die Pfanne geben. Die Fischfilets
wenden und die Paprikamischung
daraufgeben.

Das Ganze 10 Minuten köcheln lassen, bis der Fisch gar ist. Mit Salz und
Pfeffer abschmecken und mit Thymian
garnieren. Dazu passen Bratkartoffeln
sowie knuspriges Brot zum Auftunken
der Sauce.

Lachsfilet mit Bohnenpüree

Für 4 Personen

4 Stücke Lachsfilet (je etwa 175 g)
2 TL Rapsöl
1 Knoblauchzehe, zerdrückt
1 EL Weißweinessig
1 TL abgeriebene unbehandelte
   Zitronenschale
2 EL gehackter Dill
1 Dose weiße Bohnen (600 g)
1 Lorbeerblatt
250 ml Hühnerbrühe
500 g junger Blattspinat, tropfnass
   vom Waschen, grob gehackt

Die Lachsfilets in eine Schüssel legen. Das Öl mit Knoblauch, Essig, Zitronenschale und Dill zu einer Marinade verrühren. Die Filets damit begießen und 10 Minuten durchziehen lassen.

Die Bohnen mit Lorbeer und Brühe in einen Topf geben; 10 Minuten köcheln lassen. Das Lorbeerblatt entfernen, den Topfinhalt in die Küchenmaschine oder in den Mixer geben. Die Bohnen fein pürieren, das Püree kräftig mit Salz und Pfeffer abschmecken.

Lachsfilets aus der Marinade heben. In einer beschichteten Pfanne bei starker Hitze auf jeder Seite 3–5 Minuten braten, bis sie goldbraun und knusprig sind; herausnehmen. Die Marinade in die Pfanne geben und etwas einkochen lassen.

Den Spinat in einen Topf geben und zusammenfallen lassen. Die Lachsfilets auf Bohnenpüree und Spinat anrichten, mit der Marinade beträufeln und sofort servieren.

Fisch in Folie
auf mexikanische Art

Für 4 Personen

3 Tomaten, gewürfelt
$\frac{1}{2}$ TL gemahlener Kreuzkümmel
$\frac{1}{2}$ TL gemahlenes Piment
$\frac{1}{2}$ TL gemahlener Zimt
1 rote Chilischote, in Ringe
   geschnitten
4 EL Korianderblätter
4 Stücke festfleischiges Fischfilet (z. B.
   Rotbarsch, Tilapia oder Seelachs;
   je 175–200 g)
$\frac{1}{2}$ kleine rote Zwiebel, gewürfelt
1 sehr kleine grüne Paprikaschote,
   gewürfelt
2 TL Orangensaft
Saft von 1 Limette

Den Backofen auf 180 °C vorheizen.
Die Tomaten in einer Schüssel mit
Kreuzkümmel, Piment, Zimt, Chili und
Korianderblättern mischen.

Aus Alufolie vier Quadrate zuschneiden, die groß genug sind, dass man
die Fischfilets darin einwickeln kann.
Auf jedes Quadrat ein Stück Fischfilet
legen und die Tomatenmischung auf
die Filets verteilen.

Zwiebel- und Paprikawürfel mischen;
auf die Filets verteilen. Orangen- und
Limettensaft miteinander verrühren.
Fisch und Gemüse damit beträufeln.

Die Folie zu Päckchen verschließen
und diese auf ein Backblech legen.
Den Fisch im heißen Ofen 15–20 Minuten garen, bis er sich leicht zerpflücken lässt (an einer Stelle mit
einer Gabel testen).

Thailändischer Ingwerfisch mit Korianderbutter

Für 4 Personen

50 g weiche Butter
1 EL fein gehacktes Koriandergrün
2 EL Limettensaft
1 EL Öl
1 EL brauner Zucker
4 lange rote Chilischoten, von den
  Samen befreit, gehackt
2 Stängel Zitronengras, nur die hellen
  Teile, halbiert
4 Stücke festfleischiges Fischfilet (z. B.
  Seelachs, Rotbarsch oder Tilapia;
  je etwa 200 g)
1 unbehandelte Limette, in dünne
  Scheiben geschnitten
1 EL in dünne Streifen geschnittener
  Ingwer

Die Butter mit dem Koriandergrün glatt rühren. Zu einer Rolle formen, in Frischhaltefolie wickeln und mindestens 30 Minuten kühl stellen.

Limettensaft mit Öl, Zucker und Chili in eine kleine Schüssel geben. Rühren, bis der Zucker sich aufgelöst hat.

Aus Alufolie vier Quadrate zuschneiden, die groß genug sind, dass man die Fischfilets darin einwickeln kann. Je ein Stück Zitronengras daraufflegen. Darauf je ein Stück Fischfilet geben, Filets mit der Limettensaftmischung beträufeln, dann mit Limettenscheiben und Ingwerstreifen belegen. Die Folie zu Päckchen verschließen.

Den Boden eines großen Dämpfkorbs mit Backpapier belegen. In das Papier Löcher stechen. Die Päckchen nebeneinander in den Korb legen. Den Korb schließen und in den Wok oder in einen Topf über kochendes Wasser setzen. Die Päckchen 8–10 Minuten dämpfen, bis der Fisch sich leicht zerpflücken lässt (an einer Stelle mit einer Gabel testen).

Den Fisch mitsamt dem Zitronengras aus den Päckchen nehmen und auf Tellern anrichten. Die Korianderbutter in Scheiben schneiden und diese auf den Fisch geben. Dazu passt gedämpfter Reis.

Vegetarisches

Gemüsecurry mit Linsen

Für 4 Personen

1 TL Rapsöl
1 große Zwiebel, gewürfelt
2 Knoblauchzehen, gewürfelt
1–2 EL Currypaste
1 TL gemahlene Kurkuma
200 g Tellerlinsen, abgespült,
   abgetropft
1,25 l Gemüsebrühe oder Wasser
1 große Möhre, in 2 cm große Würfel
   geschnitten
2 Kartoffeln, in 2 cm große Würfel
   geschnitten
1 Süßkartoffel (etwa 250 g), geschält,
   in 2 cm große Würfel geschnitten
350 g Blumenkohl, in Röschen zerteilt
150 g grüne Bohnen, halbiert
Basilikum und Koriandergrün,
   zum Garnieren

Das Öl in einem Topf bei mittlerer Hitze heiß werden lassen. Die Zwiebelwürfel mit dem Knoblauch darin in etwa 5 Minuten glasig dünsten. Currypaste und Kurkuma hinzufügen. Alles 1 Minute rühren, dann Linsen und Brühe bzw. Wasser dazugeben.

Aufkochen und zugedeckt 30 Minuten köcheln lassen. Nach 10 Minuten Möhren, Kartoffeln und Süßkartoffeln hinzufügen. Alles weiterköcheln lassen, bis die Linsen, Kartoffeln und Möhren gar, aber noch bissfest sind.

Blumenkohl und Bohnen dazugeben und das Curry weitergaren, bis alles Gemüse weich und ein Großteil der Flüssigkeit verdampft ist. Falls zu viel Flüssigkeit im Topf ist, das Gericht noch ein paar Minuten offen köcheln lassen. Das Curry mit Basilikum und Koriander garnieren und servieren.

Marinierte Tofuwürfel mit gemischtem Salat

Für 4 Personen

500 g fester Tofu
1 EL Olivenöl
2 EL Balsamico-Essig
1 Knoblauchzehe, zerdrückt

Salat
250 g Cocktailtomaten, halbiert
½ rote Zwiebel, in dünne Halbringe
   geschnitten
1 kleine Salatgurke, halbiert,
   in Scheiben geschnitten
Blätter von 1 Bund Basilikum,
   in Streifen geschnitten
12 entsteinte schwarze Oliven, halbiert
2 TL Olivenöl
2 TL Balsamico-Essig

Den Tofu in vier große Würfel oder nach Belieben horizontal in vier dünne Scheiben schneiden. In einer großen Schale das Öl mit Essig und Knoblauch sowie Salz und Pfeffer (nach Geschmack) zu einer Marinade verrühren. Den Tofu hineinlegen und darin wenden. Zudecken und im Kühlschrank mindestens 30 Minuten, bis zu 4 Stunden durchziehen lassen.

Für den Salat Tomaten, Zwiebel, Gurke, Basilikum und Oliven in eine Schüssel geben. Öl und Essig sowie Salz und Pfeffer zu einem Dressing verrühren. Zum Salat geben und sorgfältig unterheben.

Eine Pfanne bei mittlerer Hitze heiß werden lassen. Den Tofu darin auf jeder Seite etwa 2 Minuten braten, bis er goldbraun ist. Mit dem Salat auf Tellern anrichten und sofort servieren. Dazu passt knuspriges Brot.

Kartoffelgratin mit Lauch und Oliven

Für 4–6 Personen

2 EL Olivenöl
1 Stange Lauch, in dünne Streifen
geschnitten
400 ml Gemüsebrühe
2 TL gehackter Thymian
1 kg Kartoffeln, ungeschält in dünne
Scheiben geschnitten
6–8 entsteinte schwarze Oliven,
in Scheiben geschnitten
50 g geriebener Parmesan
30 g Butter, in Stückchen

Den Backofen auf 180 °C vorheizen. Eine flache Auflaufform (1,25 l Inhalt) mit etwas Öl ausfetten. Das restliche Öl in einem großen Topf bei mittlerer Hitze heiß werden lassen. Den Lauch darin glasig dünsten. Brühe, Thymian und Kartoffeln hinzufügen und alles zugedeckt 5 Minuten köcheln lassen.

Die Hälfte der Kartoffelscheiben mit einer Küchenzange aus dem Topf heben und in die Form geben. Mit Oliven und Parmesan bestreuen, salzen und pfeffern.

Die restlichen Kartoffelscheiben daraufschichten, dann Brühe und Lauch mit einem Löffel seitlich so in die Form füllen, dass die Oberfläche trocken bleibt.

Die Butterstückchen auf dem Gratin verteilen. Das Gratin im heißen Ofen etwa 50 Minuten backen, bis die Kartoffeln weich sind und die Oberfläche gebräunt ist. Herausnehmen und an einem warmen Platz 10 Minuten ruhen lassen; servieren.

Tipp: Wenn die Oberfläche des Gratins beim Vorbereiten trocken bleibt, wird sie beim Backen besonders knusprig.

Gurken-Feta-Salat
mit Minze und Dill

Für 4 Personen

200 g Feta
1 unbehandelte Salatgurke
1 kleine rote Zwiebel, in dünne Streifen
  geschnitten
1 ½ EL gehackter Dill
1 EL getrocknete Minze
3 EL Olivenöl
1 ½ EL Zitronensaft

Den Feta in etwa 1 cm große Stücke teilen und in eine Salatschüssel geben. Die Gurke gründlich waschen und trocken reiben. Längs halbieren und die Hälften quer in etwa 1 cm dicke Scheiben schneiden. Gurkenscheiben, Zwiebel und Dill zum Feta geben.

Die Minze im Mörser sehr fein zerkleinern. In eine kleine Schüssel geben, mit Öl und Zitronensaft sowie Salz und Pfeffer zu einem Dressing verrühren. Das Dressing auf den Salat geben und alles gut mischen. Dazu passt knuspriges Brot.

Französische Schalotten-Tarte-Tatin

Für 6 Personen

750 g große Schalotten, ungeschält
50 g Butter, mehr für die Form
2 EL Olivenöl
4 EL Zucker
3 EL Balsamico-Essig

Teig
125 g Mehl
1 Prise Salz
60 g kalte Butter, in Stückchen
2 EL körniger Senf
1 Eigelb, mit 1 EL sehr kaltem Wasser
  verquirlt

Die Schalotten in reichlich sprudelnd kochendem Wasser 5 Minuten vorgaren. Abkühlen lassen, dann schälen, die Wurzelenden dabei intakt lassen. Die Butter mit dem Öl in einer großen Pfanne bei schwacher Hitze heiß werden lassen. Die Schalotten darin unter häufigem Wenden 15 Minuten dünsten, bis sie weich werden. Zucker, Essig und 3 EL Wasser untermischen; rühren, bis der Zucker sich aufgelöst hat. Die Schalotten weitere 15–20 Minuten garen, bis die Flüssigkeit sirupartig eingekocht ist.

Für den Teig das Mehl mit dem Salz in eine Schüssel sieben. Mit Butter und Senf zu Streuseln verreiben. Eine Mulde in die Mitte drücken und das verquirlte Eigelb hineingeben. Alles kneten, bis der Teig bindet. Den Teig zu einem Kreis flach drücken, zudecken und 30 Minuten kalt stellen.

Den Backofen auf 200 °C vorheizen. Eine Tarteform (20 cm Ø) fetten. Die Schalotten hineinlegen und mit dem Sirup beträufeln. Den Teig zu einem Kreis ausrollen, der 1 cm größer als der Durchmesser der Form ist. Den Teigkreis auf die Schalotten legen, den Teigrand nach unten in die Form drücken. Die Tarte in 20–25 Minuten goldbraun backen. Herausnehmen; 5 Minuten auf einem Gitter abkühlen lassen, dann auf eine Platte stürzen.

Gemüsecurry mit Kichererbsen und Safranreis

Für 4 Personen

1 Dose Kichererbsen (420 g)
1 EL Öl
1 Zwiebel, gewürfelt
2 Knoblauchzehen, zerdrückt
1½ TL gemahlener Kreuzkümmel
1 TL gemahlene Kurkuma
1½ TL gemahlener Koriander
1 grüne Chilischote, von den Samen
   befreit, gehackt
2 Kartoffeln, in 4 cm große Stücke
   geschnitten
2 Möhren, in 4 cm große Stücke
   geschnitten
1 Dose gehackte Tomaten (400 g)
100 g TK-Erbsen
500 ml Gemüsebrühe
100 g junger Blattspinat

Safranreis
500 ml Gemüsebrühe
6–8 Safranfäden
6 Kardamomkapseln
400 g Basmati-Reis, in einem Sieb
   gewaschen, bis das Wasser klar
   abläuft

Die Kichererbsen in ein Sieb schütten; abspülen und abtropfen lassen. Das Öl in einem Topf bei mittlerer Hitze heiß werden lassen. Die Zwiebelwürfel darin mit dem Knoblauch unter Rühren in etwa 3 Minuten glasig dünsten. Kreuzkümmel, Kurkuma, Koriander und Chili hinzufügen; rühren, bis Duft aufsteigt. Kartoffeln und Möhren hinzufügen und durch Rühren mit der Gewürzmischung überziehen. Tomaten, gefrorene Erbsen, Kichererbsen und Brühe untermischen. Das Ganze zugedeckt unter gelegentlichem Rühren köcheln lassen.

Den Spinat dazugeben und zusammenfallen lassen. Das Curry mit Salz und Pfeffer abschmecken.

Für den Reis die Brühe in einem Topf aufkochen lassen. Safran, Kardamom und Reis hineingeben. Die Brühe erneut aufkochen lassen. Den Reis etwa 20 Minuten bei schwacher Hitze garen, bis er die Flüssigkeit aufgenommen hat. Vom Herd nehmen, mit einer Gabel auflockern und zum Gemüsecurry servieren.

Kartoffel-Omelett

Für 6 Personen

500 g Kartoffeln, geschält, in 1 cm
  dicke Scheiben geschnitten
50 ml Olivenöl
1 Zwiebel, in dünne Ringe geschnitten
4 Knoblauchzehen, in dünne Scheiben
  geschnitten
2 EL gehackte Petersilie
6 Eier
1 TL Salz
1 TL frisch gemahlener schwarzer
  Pfeffer

Die Kartoffelscheiben in einem großen
Topf mit kaltem Wasser bedecken.
Das Wasser aufkochen und 5 Minuten
sprudelnd kochen lassen; abgießen.

Das Öl in einer beschichteten Pfanne
mit hohem Rand bei mittlerer Hitze
heiß werden lassen. Die Zwiebelringe
darin mit dem Knoblauch etwa 5 Minuten dünsten.

Die Kartoffelscheiben mit der Petersilie unterrühren. Bei mittlerer Hitze
braten, dabei behutsam auf den
Pfannenboden drücken.

Die Eier mit Salz und Pfeffer verquirlen. Die Eiermasse gleichmäßig über
die Kartoffeln gießen. Das Omelett
zugedeckt bei schwacher bis mittlerer Hitze backen, bis die Eier gerade
eben gestockt sind. Omelett auf eine
Servierplatte gleiten lassen oder direkt
in der Pfanne servieren.

Spinatpastete

Für 6 Personen

2 TL Olivenöl, mehr für die Form
1,5 kg junger Blattspinat
1 Zwiebel, gewürfelt
4 Frühlingszwiebeln, gewürfelt
750 g körniger Frischkäse
2 Eier, verquirlt
2 Knoblauchzehen, zerdrückt
1 Prise geriebene Muskatnuss
1 große Handvoll Minze, gehackt
8 Filoteigblätter
30 g Butter, zerlassen
40 g frische Brotkrumen

Den Backofen auf 180 °C vorheizen. Eine Auflaufform (1,5 l Inhalt) ausfetten. Spinat waschen. Tropfnass in einen Topf geben und in 2–3 Minuten zusammenfallen lassen. Abgießen, abkühlen lassen, ausdrücken und hacken.

Das Öl in einem kleinen Topf erhitzen. Zwiebel und Frühlingszwiebeln darin 2–3 Minuten dünsten. In einer Schüssel mit dem Spinat mischen. Frischkäse, Eier, Knoblauch, Muskat und Minze unterrühren. Das Ganze mit Salz und Pfeffer würzen.

Ein Teigblatt mit etwas Butter bestreichen; quer zur Hälfte zusammenfalten und die Form damit auskleiden. Mit drei weiteren Blättern ebenso verfahren. Noch nicht verwendete Blätter mit einem feuchten Küchentuch bedecken, damit sie nicht austrocknen.

Den Teig in der Form mit den Brotkrumen bestreuen. Spinatmischung daraufgeben. Überstehenden Teig darüberklappen. Ein weiteres Teigblatt mit Butter bestreichen, zusammenfalten und auf die Spinatmischung legen. Mit drei weiteren Teigblättern ebenso verfahren. Die Teigränder nach unten in die Form drücken. Das oberste Blatt mit der restlichen Butter bestreichen und rautenförmig einschneiden. 40 Minuten backen, bis die Pastete goldgelb ist. In Quadrate schneiden.

Curry-Linsen

Für 4 Personen

250 g rote Linsen
500 ml Gemüsebrühe
$\frac{1}{2}$ TL gemahlene Kurkuma
50 g Ghee oder Butterschmalz
1 Zwiebel, gewürfelt
2 Knoblauchzehen, fein gewürfelt
1 große grüne Chilischote, entkernt,
   fein gehackt
2 TL gemahlener Kreuzkümmel
2 TL gemahlener Koriander
2 Tomaten, gewürfelt
125 ml Kokosmilch

Die Linsen in einem Sieb abspülen und gut abtropfen lassen, dann mit Brühe und Kurkuma in einen großen Topf geben. Alles aufkochen und zugedeckt bei schwacher Hitze unter gelegentlichem Rühren etwa 15 Minuten köcheln lassen, bis die Linsen fast weich sind.

Inzwischen das Fett in einer kleinen Pfanne erhitzen. Die Zwiebelwürfel darin dünsten. Knoblauch, Chili, Kreuzkümmel und Koriander hinzufügen und 2–3 Minuten unter Rühren mitbraten, bis Duft aufsteigt. Die Zwiebelmischung mit den Tomaten unter die Linsenmischung rühren; alles bei sehr schwacher Hitze unter häufigem Rühren 5 Minuten köcheln lassen.

Die Kokosmilch untermischen. Das Gericht heiß werden lassen; abschmecken. Dazu passt Reis oder Naan (indisches Fladenbrot).

Pizza mit Pilzen, Ricotta und Oliven

Für 6 Personen

4 Eiertomaten, geviertelt
1 TL Zucker
1/3 Würfel Hefe (15 g)
125 ml Milch
200 g Mehl, mehr zum Arbeiten
2 TL Olivenöl, mehr für das Backblech
2 Knoblauchzehen, zerdrückt
1 Zwiebel, in dünne Ringe geschnitten
750 g Champignons, in Scheiben geschnitten
250 g Ricotta
2 EL in Scheiben geschnittene schwarze Oliven
kleine Basilikumblätter, zum Garnieren

Den Backofen auf 200 °C vorheizen. Ein Backblech mit Backpapier belegen. Die Tomatenviertel daraufgeben; mit Salz, Pfeffer und 1/2 TL Zucker bestreuen. Im Ofen 20 Minuten rösten, bis sie an den Rändern braun sind.

Hefe in eine Tasse bröckeln. Mit dem restlichen Zucker und 3 EL lauwarmem Wasser verrühren, bis sie sich aufgelöst hat. Das Mehl in eine Schüssel sieben. Hefewasser und Milch unterrühren. Alles zu einem weichen Teig verrühren; 30 Minuten gehen lassen. Auf einer dünn bemehlten Arbeitsfläche 5 Minuten kneten. In eine Schüssel geben und nochmals 40 Minuten gehen lassen, bis sich das Teigvolumen verdoppelt hat.

Das Öl in einer Pfanne erhitzen. Zwiebelringe darin mit dem Knoblauch glasig dünsten. Pilzscheiben unter Rühren mitdünsten, bis alle Flüssigkeit verdampft ist; abkühlen lassen.

Den Teig auf der dünn bemehlten Arbeitsfläche durchkneten; zu einem Kreis (38 cm Ø) ausrollen, diesen auf ein gefettetes Backblech legen. Mit Ricotta bestreichen, dabei rundherum einen breiten Rand frei lassen. Pilze, Tomaten und Oliven darauf verteilen. Teigrand über die Füllung klappen und mit Mehl bestäuben. Etwa 25 Minuten backen. Mit Basilikum garnieren.

Gebackene Süßkartoffeln mit Avocado-Mais-Salsa

Für 4 Personen

4 orangefleischige Süßkartoffeln
  (je etwa 200 g)
1 Dose Maiskörner (130 g)
1 rote Zwiebel, fein gewürfelt
Fruchtfleisch von 1 Avocado, in kleine
  Würfel geschnitten
1 EL Zitronensaft
1 kleine rote Paprikaschote oder
  1 rote Spitzpaprika, fein gewürfelt
1 EL süße Chilisauce
4 EL Joghurt oder saure Sahne

Den Backofen auf 200 °C vorheizen. Die Süßkartoffeln mit einem Spieß mehrmals einstechen. Auf den Backofenrost legen und 40 Minuten rösten.

In der Zwischenzeit den Mais in ein Sieb schütten und abtropfen lassen. In einer Schüssel mit Zwiebel, Avocado, Zitronensaft und Paprika mischen. Die Chilisauce unterrühren und die Salsa mit Salz und Pfeffer abschmecken.

Die gebackenen Süßkartoffeln oben längs tief einschneiden und etwas auseinanderdrücken. Die Salsa auf die Süßkartoffeln verteilen und je 1 EL Joghurt oder saure Sahne daraufgeben und servieren.

Bulgur auf syrische Art

Für 4 Personen

2 EL Olivenöl
1 große Zwiebel, fein gewürfelt
$\frac{1}{2}$ TL getrocknete Minze
175 g grober Bulgur
500 ml Gemüsebrühe
75 g Rotkohl, in Streifen geschnitten
2 EL gehackte Petersilie
1 kleine Handvoll frische Minzeblätter,
  in Stücke gezupft
50 g entsteinte Kalamata-Oliven,
  halbiert (nach Belieben)
$\frac{1}{2}$ unbehandelte Zitrone
$\frac{1}{2}$ Granatapfel
200 g griechischer Sahnejoghurt

Das Öl in einer großen hohen Pfanne mit passendem Deckel bei mittlerer Hitze heiß werden lassen. Die Zwiebel darin mit der getrockneten Minze in etwa 5 Minuten glasig dünsten. Bulgur und Brühe hinzufügen und alles zugedeckt 25 Minuten köcheln lassen, den Deckel währenddessen nicht abnehmen.

Den Bulgur mit einer Gabel auflockern. Rotkohl, Petersilie, frische Minze und Oliven (nach Belieben) untermischen. Die Schale der Zitronenhälfte über dem Bulgur abreiben, den Saft darüber auspressen.

Aus der Granatapfelhälfte die Kerne über der Pfanne herauslösen, den Saft dabei herausdrücken. Membranstücke, die in die Pfanne gefallen sind, entfernen. Bulgur mit Salz und Pfeffer würzen; alles sorgfältig mischen. Warm mit dem Joghurt servieren.

Crêpes-Gratin mit Kürbis, Ziegenkäse und frittierten Salbeiblättern

Für 4 Personen

Crêpes
300 ml Milch
50 g Butter
150 g Mehl
1 Prise Salz
3 Eier
Butter, zum Backen

Füllung
Fruchtfleisch von 1 Butternusskürbis
  (etwa 400 g), in 24 Scheiben (je 1 cm
  dick) geschnitten
2 EL Olivenöl
125 g Öl
1 Handvoll Salbeiblätter
250 g Ziegenfrischkäse

300 g Sahne
150 g Fontina (italienischer Weich-
  käse), geraspelt

Für die Crêpes die Milch mit der Butter in einem kleinen Topf erwärmen. Das Mehl mit dem Salz in eine große Schüssel geben. Die Eier und die Milchmischung hinzufügen und alles mit einem Schneebesen glatt verrühren. 15 Minuten quellen lassen.

Eine beschichtete Pfanne erhitzen. Aus der Masse in zerlassener Butter 12 Crêpes backen. Dafür den Teig durch Schwenken verteilen; 30 Sekunden backen, bis sich an der Oberfläche Bläschen bilden, dann wenden und weitere 30 Sekunden backen. Fertig gebackene Crêpes warm halten.

Eine Grillpfanne erhitzen. Kürbisscheiben mit Olivenöl und Pfeffer (nach Geschmack) mischen. Portionsweise je 1–2 Minuten braten. Das Öl in einer kleinen Pfanne erhitzen. Die Salbeiblätter darin portionsweise frittieren; auf Küchenpapier abtropfen lassen.

Den Backofengrill vorheizen. Auf jede Crêpe zwei Kürbisscheiben, etwas Ziegenkäse und einige Salbeiblätter geben. Crêpes zu Dreiecken zusammenfalten und auf vier ofenfeste flache Formen verteilen. Die Sahne erhitzen und mit dem Parmesan verrühren. Die Crêpes damit begießen. Die Crêpes 3–5 Minuten gratinieren, bis die Käse-Sahne gebräunt ist. Mit dem restlichen Salbei garnieren.

Kichererbsen-Burger

Für 6 Personen

2 Dosen Kichererbsen (je 400 g)
2 TL Olivenöl, mehr zum Braten
1 kleine Zwiebel, fein gewürfelt
2 Knoblauchzehen, zerdrückt
100 g gegarter Naturreis
50 g getrocknete Tomaten, gewürfelt
1 Aubergine, in 1 cm dicke Scheiben
geschnitten
1 große rote Zwiebel, in Ringe
geschnitten
2 große Handvoll Rucola
6 Stücke türkisches Fladenbrot (Pita)

Joghurt-Dressing
200 g Joghurt
1 Knoblauchzehe, zerdrückt
¼ TL gemahlener Kreuzkümmel
¼ TL gemahlener Koriander

Die Kichererbsen in ein Sieb schütten; abspülen und abtropfen lassen. Das Öl in einer Pfanne erhitzen. Die Zwiebelwürfel darin 2 Minuten dünsten. Den Knoblauch hinzufügen und 1 Minute mitdünsten. Etwas abkühlen lassen, dann mit Kichererbsen, Reis und Tomaten in der Küchenmaschine in Intervallen grob mixen. Die Masse abschmecken und acht Burger (je etwa 8 cm Ø) daraus formen. Einen großen Teller mit Frischhaltefolie belegen. Die Burger daraufgeben, zudecken und 1 Stunde kalt stellen.

Die Zutaten für das Dressing in einer kleinen Schüssel miteinander verrühren. Das Dressing kalt stellen.

Eine Pfanne bei mittlerer Hitze heiß werden lassen. Die Auberginenscheiben mit Öl bestreichen, die Zwiebelringe mit etwas Öl mischen. Aubergine und Zwiebel braten, bis sie weich und goldbraun sind – die Auberginenscheiben brauchen etwa 3 Minuten pro Seite, die Zwiebelringe etwa 5 Minuten; auf einen Teller geben. Die Kichererbsen-Burger dünn mit Öl bestreichen und auf jeder Seite 3 Minuten braten.

Rucola, Aubergine und Zwiebel auf den Brotstücken anrichten. Die Burger und etwas Dressing daraufgeben; sofort servieren.

Champignon-Quiche mit Petersilienboden

Für 4–6 Personen

Teig
150 g Mehl
1 Prise Salz
3 EL sehr fein gehackte Petersilie
75 g kalte Butter, in Stückchen
1 Eigelb, mit 2 EL eiskaltem Wasser
  verquirlt

Belag
30 g Butter
1 rote Zwiebel, fein gewürfelt
200 g Champignons, in Scheiben
  geschnitten
1 TL Zitronensaft
4 EL gehackte Petersilie
3 EL Schnittlauchröllchen
2 Eier, verquirlt
150 g Sahne

Das Mehl mit dem Salz in eine große Schüssel sieben. Die Petersilie untermischen. Mehl und Butter mit den Fingerspitzen zu Streuseln verreiben. In die Mitte eine Mulde drücken und das verquirlte Eigelb hineingeben. Alles mit einem Messer zusammenhacken, bis der Teig bindet; falls nötig, mehr Wasser hinzufügen. Den Teig zur Kugel formen, in Frischhaltefolie wickeln und 30 Minuten kalt stellen. Anschließend auf Backpapier groß genug ausrollen, um eine rechteckige Form mit herausnehmbarem Boden (35 x 10 cm) damit auszukleiden. Die Form auskleiden, überstehende Ränder abschneiden. Die Form 20 Minuten kalt stellen.

Den Backofen auf 190 °C vorheizen. Teigboden mit Backpapier belegen und mit getrockneten Hülsenfrüchten beschweren. Den Boden 15 Minuten blindbacken; Papier und Hülsenfrüchte entfernen; den Boden weitere 10 Minuten backen, bis er trocken ist. Ofentemperatur auf 180 °C senken.

Für den Belag die Zwiebelwürfel in der Butter glasig dünsten. Pilze hinzufügen und etwa 2 Minuten mitdünsten, bis sie weich sind. Zitronensaft und Kräuter untermischen. Die Eier mit der Sahne verquirlen; salzen und pfeffern. Pilzmischung im Teigboden verteilen, mit der Eiersahne begießen. Quiche 25–30 Minuten backen.

Gegrillte Gemüsespieße mit Harissa und Joghurt

Ergibt 8 Spieße

Harissa
2 TL Kreuzkümmelsamen
½ TL ganzer Kümmel
75 g große rote Chilischoten, gehackt
3 Knoblauchzehen, gewürfelt
1 TL Meersalz
50 g Tomatenmark
4 EL Olivenöl

1 Aubergine, in 2 cm große Würfel geschnitten
150 g Champignons, halbiert
250 g Cocktailtomaten
1 Zucchini, in Scheiben geschnitten
125 g griechischer Sahnejoghurt
Korianderblätter, zum Garnieren

Acht Bambusspieße 20 Minuten in Wasser einweichen. Eine kleine Pfanne bei mittlerer bis starker Hitze heiß werden lassen. Kreuzkümmel und Kümmel darin ohne Fett 30 Sekunden rösten, bis Duft aufsteigt. Anschließend mit Chilis, Knoblauch, Salz, Tomatenmark und 50 ml Wasser im Blitzhacker pürieren, dabei nach und nach das Öl untermixen.

Den Backofengrill vorheizen. Aubergine, Champignons, Tomaten und Zucchini auf die Spieße stecken und großzügig mit Harissa bestreichen.

Die Spieße auf jeder Seite 5–7 Minuten grillen, bis das Gemüse gebräunt ist. Zum Servieren mit Koriandergrün garnieren, die restliche Harissa und den Joghurt dazu servieren. Dazu passt Reis.

Tofu und Ananas aus dem Wok

Für 4 Personen

250 g fester Tofu, gewürfelt
5 cm frischer Ingwer, gerieben
2 TL abgeriebene Orangenschale
3 EL Öl
2 große Zwiebeln, in dünne Spalten
  geschnitten
3 Knoblauchzehen, fein gewürfelt
2 TL brauner Zucker
2 TL Reisweinessig oder anderen
  milden Essig
250 g Ananasfruchtfleisch, in mundgerechte Stücke geschnitten
1 EL Orangensaft

Den Tofu in einer Schüssel mit Ingwer, Orangenschale und etwas schwarzem Pfeffer mischen. Zudecken und kalt stellen.

Den Wok sehr heiß werden lassen. 1 1/2 EL Öl hineingeben und durch Schwenken verteilen. Die Zwiebeln und den Knoblauch mit dem Zucker darin bei mittlerer Hitze 2–3 Minuten pfannenrühren, bis die Zwiebelspalten weich und gebräunt sind; den Essig untermischen. Alles 2 Minuten köcheln lassen, dann aus dem Wok nehmen.

Den Wok erneut heiß werden lassen. Die Ananasstücke darin mit dem Orangensaft bei starker Hitze pfannenrühren, bis sie gebräunt sind. Die Zwiebelmischung unterrühren. Alles aus dem Wok nehmen, zudecken und beiseitestellen.

Den Wok wieder sehr heiß werden lassen. Das restliche Öl (1 1/2 EL) hineingeben. Den Tofu in zwei Portionen darin pfannenrühren, bis er etwas knusprig und gebräunt ist. Herausnehmen und auf Küchenpapier abtropfen lassen. Tofu und Ananasmischung wieder in den Wok geben. Alles verrühren und heiß werden lassen; abschmecken und servieren.

Pikanter Käsekuchen ohne Boden mit Ratatouille

Für 8–10 Personen

1,5 kg Sahnequark (20 % F.i.Tr.), abgetropft
4 Eier, verquirlt
3 Knoblauchzehen, fein gewürfelt
2 EL gehackter Oregano
60 ml Olivenöl
1 Aubergine (etwa 300 g), in 1,5 cm große Würfel geschnitten
je 1 rote, grüne und gelbe Paprikaschote, in 1,5 cm große Stücke geschnitten
1 Dose gehackte Tomaten (400 g)

Den Backofen auf 180 °C vorheizen. Eine Springform (20 cm Ø) dünn fetten. Den Quark in einer Schüssel mit Eiern, 1 gewürfelten Knoblauchzehe und 1 EL gehacktem Oregano glatt rühren; salzen und pfeffern. Die Mischung in die Form füllen. Den Boden der Form zweimal auf die Arbeitsfläche stoßen, damit Luftblasen aus der Masse entweichen können. Die Masse 1 Stunde 30 Minuten backen, bis sie fest und leicht gebräunt ist. In der Form auf einem Kuchengitter vollständig abkühlen lassen, dabei gelegentlich daraufdrücken, um Luftblasen zu entfernen.

In der Zwischenzeit 2 EL Öl in einer Pfanne erhitzen. Die Auberginenwürfel darin in 4–5 Minuten goldbraun braten. Die Paprikastücke mit den beiden restlichen Knoblauchzehen hinzufügen und 5 Minuten mitbraten, bis sie weich werden. Tomaten und den restlichen Oregano untermischen und das Ganze 10–15 Minuten köcheln lassen, bis die Flüssigkeit eingedickt und das Gemüse weich ist. Die Ratatouille mit Salz und Pfeffer abschmecken.

Den pikanten Käsekuchen aus der Form nehmen und in Stücke schneiden. Die Stücke mit der Ratatouille auf Tellern anrichten; servieren.

Moussaka mit Borlotti-Bohnen

Für 6 Personen

250 g Borlotti-Bohnenkerne
2 große Auberginen, in Scheiben
  geschnitten
75 ml Olivenöl
1 Zwiebel, gewürfelt
1 Knoblauchzehe, zerdrückt
125 g Champignons, in Scheiben
  geschnitten
250 ml Rotwein
2 Dosen gehackte Tomaten (je 400 g)
1 EL Tomatenmark
1 EL gehackter Oregano
50 g Parmesan, gerieben
40 g frische Brotkrumen

Guss
500 ml Milch
250 g Joghurt
4 Eier, verquirlt
¼ TL edelsüßes Paprikapulver

Bohnenkerne über Nacht in kaltem Wasser einweichen. Abgießen, abspülen, in einem Topf mit Wasser bedecken. Aufkochen; 1½ Stunden köcheln lassen, bis die Bohnen weich sind. In ein Sieb schütten, abtropfen lassen; in eine Auflaufform füllen.

Die Auberginenscheiben mit Salz bestreuen und 30 Minuten Wasser ziehen lassen; abspülen und trocken tupfen. Den Backofengrill vorheizen. Die Auberginenscheiben mit Öl bestreichen und auf jeder Seite etwa 3 Minuten goldbraun grillen; auf Küchenpapier abtropfen lassen.

Den Backofen auf 200 °C vorheizen. Das restliche Öl in einem großen Topf bei mittlerer Hitze heiß werden lassen. Zwiebelwürfel und Knoblauch 4–5 Minuten darin braten. Pilze hinzufügen und etwa 3 Minuten mitbraten, bis sie gebräunt sind. Den Wein angießen, in 2–3 Minuten einkochen lassen. Tomaten, Tomatenmark und Oregano unterrühren. Aufkochen und 40 Minuten köcheln lassen, bis die Sauce eingedickt ist. Auf den Bohnen verteilen und mit den Auberginenscheiben belegen.

Für den Guss Milch mit Joghurt, Eiern und Paprikapulver verquirlen. Auf die Auberginen gießen. 10 Minuten ruhen lassen. Mit Parmesan und Brotkrumen bestreuen; 50–55 Minuten backen.

Kartoffelwähe

Für 6 Personen

½ Würfel Hefe (21 g)
½ TL Salz
½ TL Zucker
300 g Mehl
2 TL Mais- oder Weizengrieß
2 EL Olivenöl, mehr für das Pizzablech
2 Knoblauchzehen, zerdrückt
4–5 Kartoffeln, ungeschält in dünne
   Scheiben geschnitten
1 EL Rosmarinnadeln

Den Backofen auf 210 °C vorheizen. Die Hefe in einer Schüssel mit Salz, Zucker und 250 ml lauwarmem Wasser verrühren. Zudecken und für 10 Minuten an einen warmen Platz stellen, bis die Mischung schäumt. Das Mehl in eine Schüssel sieben. In die Mitte eine Mulde drücken, das Hefewasser hineinschütten. Alles zu einem Teig verkneten.

Den Teig auf eine dünn bemehlte Arbeitsfläche geben und 5 Minuten kneten, bis er glatt und elastisch ist, dann zu einem Kreis (30 cm Ø) ausrollen. Eine Springform (26 cm Ø) dünn mit Öl fetten und mit Grieß ausstreuen.

Den Teigboden in die Form legen. 2 TL Öl mit dem Knoblauch verrühren und den Teigboden damit bestreichen. Die Kartoffelscheiben in einer Schüssel behutsam mit dem restlichen Öl und dem Rosmarin sowie Salz und Pfeffer (nach Geschmack) mischen.

Die Kartoffelscheiben dachziegelartig auf den Teigboden legen. Die Wähe im heißen Ofen 40 Minuten backen, bis sie knusprig und goldbraun ist.

Vegetarisches Chili

Für 6–8 Personen

2 EL Olivenöl
1 große Zwiebel, fein gewürfelt
2 Knoblauchzehen, zerdrückt
1 TL Chilipulver (Gewürzmischung)
2 TL gemahlener Kreuzkümmel
1 TL Cayennepfeffer
½ TL gemahlener Zimt
2 Dosen gehackte Tomaten (je 400 g)
750 ml Gemüsebrühe
130 g Bulgur
1 Dose Kidneybohnen (440 g)
2 Dosen Kichererbsen (je 300 g)
1 Dose Maiskörner (je 300 g)
2 EL Tomatenmark
Tortillachips und saure Sahne,
   zum Servieren

Das Öl in einem großen Topf erhitzen. Die Zwiebelwürfel darin in etwa 10 Minuten unter häufigem Rühren goldgelb braten. Knoblauch, Chilipulver, Kreuzkümmel, Cayennepfeffer und Zimt untermischen.

Tomaten, Brühe und Bulgur hinzufügen; aufkochen und 10 Minuten köcheln lassen. Inzwischen Bohnen und Kichererbsen abspülen und abtropfen lassen. Den Mais ebenfalls abtropfen lassen.

Bohnen, Kichererbsen, Mais und Tomatenmark unter die Bulgurmischung rühren. Alles unter häufigem Rühren weitere 20 Minuten köcheln lassen; sofort servieren, Tortillachips und saure Sahne dazu reichen.

Tempeh aus dem Wok

Für 4 Personen

1 TL Sesamöl
1 EL Erdnussöl
2 Knoblauchzehen, zerdrückt
1 EL geriebener frischer Ingwer
1 rote Chilischote, in dünne Ringe
geschnitten
4 Frühlingszwiebeln, schräg in Ringe
geschnitten
300 g Tempeh (indonesischer Fleisch-
ersatz aus Sojabohnen; Asienladen),
gewürfelt
500 g kleine Pak-choi-Blätter
800 g cinesischer Brokkoli, gehackt
125 g vegetarische Austernsauce
2 EL Reisessig

Den Wok bei starker Hitze heiß
werden lassen. Beide Öle hineingeben und durch Schwenken verteilen.
Knoblauch, Ingwer, Chili und Frühlingszwiebeln darin 1–2 Minuten
pfannenrühren. Tempehwürfel hinzufügen und 5 Minuten mitbraten, bis
sie goldbraun sind. Alles aus dem
Wok nehmen und warm halten.

Die Hälfte des Gemüses mit 1 EL Wasser in den Wok geben und zugedeckt
in 3–4 Minuten zusammenfallen lassen; herausnehmen. Mit dem restlichen Gemüse ebenso verfahren.

Das Gemüse und die Tempehwürfel
wieder in den Wok geben und heiß
werden lassen. Austernsauce und
Essig untermischen. Das Gericht mit
Reis servieren.

Tipp: Wer mag kann zum Schluss
noch 2 EL gehacktes Koriandergrün
und 3 Fl geröstete Cashewkerne
unter das Gericht mischen.

Falafel mit Rucola und Sesam-Joghurt-Sauce

Für 4 Personen

Falafel
250 g getrocknete Kichererbsen
1 Zwiebel, fein gewürfelt
2 Knoblauchzehen, zerdrückt
5 große Handvoll Petersilie
4 große Handvoll Koriandergrün
2 TL gemahlener Koriander
1 TL gemahlener Kreuzkümmel
1/2 TL Backpulver

Sesam-Joghurt-Sauce
3 EL griechischer Sahnejoghurt
1 EL Tahin (Sesampaste)
1 Knoblauchzehe, zerdrückt
1 EL Zitronensaft
3 EL Olivenöl

Öl, zum Frittieren
125 g Rucola, zum Anrichten

Die Kichererbsen in eine Schüssel geben, 12 cm hoch mit kaltem Wasser bedecken und über Nacht einweichen.

Am nächsten Tag abgießen und gut abtropfen lassen. In die Küchenmaschine oder in den Mixer geben und grob zerkleinern. Die restlichen Falafel-Zutaten hinzufügen und alles mixen, bis der Teig glatt und leuchtend grün ist. Den Teig 30 Minuten ruhen lassen.

Die Zutaten für die Sauce in eine Schüssel füllen und mit einem Schneebesen verrühren. Die Sauce mit Salz und Pfeffer abschmecken.

Aus dem Falafel-Teig mit angefeuchteten Händen 24 Röllchen formen. In einem Topf 5 cm hoch Öl füllen und heiß werden lassen. Die Falafel darin portionsweise je 2–3 Minuten frittieren, bis sie dunkelbraun sind. Auf Küchenpapier abtropfen lassen; warm halten, bis der gesamte Teig aufgebraucht ist.

Vier Teller mit dem Rucola belegen. Die Falafel darauf anrichten und mit der Sauce beträufeln. Sofort servieren.

Mangold-Rouladen

Für 6 Personen

500 ml Gemüsebrühe
1 EL Olivenöl
1 Zwiebel, gewürfelt
2 Knoblauchzehen, zerdrückt
1 rote Paprikaschote, gewürfelt
250 g Champignons, gewürfelt
100 g Risotto-Reis (z. B. Arborio)
50 g Emmentaler, gerieben
1 große Handvoll Basilikum, in Streifen
  geschnitten
6 große Mangoldblätter
2 Dosen gehackte Tomaten (je 400 g)
1 EL Balsamico-Essig
1 TL Zucker

Die Brühe in einem Topf heiß werden lassen und kurz unter dem Siedepunkt halten. Das Öl in einem großen Topf erhitzen. Die Zwiebelwürfel darin mit dem Knoblauch glasig dünsten. Paprika, Pilze und Reis hinzufügen und alles verrühren. Nach und nach 125 ml Brühe angießen; rühren, bis der Reis sie aufgenommen hat. So weiterverfahren, bis die Brühe aufgebraucht und der Reis weich ist. Vom Herd nehmen, Käse und Basilikum untermischen und die Masse mit Salz und Pfeffer abschmecken.

Die Mangoldblätter von harten Stielen befreien und portionsweise für je 30 Sekunden in kochendes Wasser geben; herausheben und auf einem Geschirrtuch abtropfen lassen. Grobe Rippen aus den Blättern herausschneiden. Auf jedes Blatt eine Portion von der Reismasse geben. Die Seiten jedes Blattes über die Füllung klappen und die Blätter sorgfältig aufrollen; mit Küchengarn fixieren.

Die Tomaten in einem großen beschichteten Topf mit Balsamico und Zucker verrühren. Die Rouladen in die Sauce legen und diese zugedeckt darin 10 Minuten köcheln lassen. Das Garn entfernen und die Rouladon mit der Sauce servieren.

Frittata

Für 6 Personen

200 g Zucchini, gewürfelt
250 g Kürbisfruchtfleisch, gewürfelt
300 g Kartoffeln, gewürfelt
100 g Brokkoliröschen
3 TL Öl
1 kleine Zwiebel, gewürfelt
1 kleine rote Paprikaschote, gewürfelt
2 EL gehackte Petersilie
3 Eier
2 Eiweiß

Zucchini, Kürbis, Kartoffeln und Brokkoli dämpfen oder in Salzwassser garen, bis sie weich sind. Das Gemüse in eine Schüssel geben.

In einer beschichteten Pfanne mit backofenfestem Griff 2 TL Öl erhitzen. Zwiebel- und Paprikawürfel darin weich dünsten. Mit dem Gemüse, den Kartoffeln und der Petersilie mischen.

Die Pfanne mit dem restlichen Öl ausstreichen. Die Gemüse-Kartoffel-Mischung in die Pfanne geben und darin gleichmäßig verteilen. Die Eier mit den Eiweißen verquirlen und die Eiermischung über den Pfanneninhalt gießen.

Die Frittata bei mittlerer Hitze backen, bis sie fast vollständig gestockt ist. Anschließend die Pfanne unter den heißen Backofengrill schieben und die Frittata goldbraun überbacken – mit einer Gabel hineinstechen, um zu prüfen, ob sie gar ist. Die Frittata in Stücke schneiden und servieren.

Gelbes Thai-Gemüsecurry

Für 6 Personen

50 ml Öl
1 Zwiebel, fein gewürfelt
2 EL gelbe Thai-Currypaste
250 g Kartoffeln, gewürfelt
200 g Zucchini, gewürfelt
150 g rote Paprikaschoten, gewürfelt
100 g grüne Bohnen
50 g Bambussprossen, in Streifen
  geschnitten
250 ml Gemüsebrühe
1 Dose Kokosmilch (400 ml)
Thai-Basilikum, zum Garnieren

Das Öl in einem großen Topf bei mittlerer Hitze heiß werden lassen. Die Currypaste hineingeben und etwa 2 Minuten rühren, bis Duft aufsteigt.

Das Gemüse hinzufügen und bei starker Hitze unter Rühren 2 Minuten braten. Die Brühe angießen. Das Gemüse zugedeckt bei mittlerer Hitze 15–20 Minuten garen, bis es weich ist, dann das Ganze offen bei starker Hitze 5–10 Minuten kochen lassen, bis die Flüssigkeit etwas reduziert ist.

Die Kokosmilch dazugießen und untermischen. Das Gericht mit Salz abschmecken. Unter gelegentlichem Rühren aufkochen und bei schwacher Hitze 5 Minuten köcheln lassen. Mit Thai-Basilikum garniert servieren.

Kartoffel-Gnocchi mit Tomatensauce

Für 4 Personen

500 g mehlig kochende Kartoffeln,
  ungeschält
1 Eigelb
3 EL geraspelter Parmesan,
  mehr zum Servieren
2 Messerspitzen Salz
125 g Mehl

Tomatensauce
1 Dose gehackte Tomaten (400 g)
1 kleine Zwiebel, gewürfelt
1 Selleriestange, gewürfelt
1 kleine Möhre, gewürfelt
1 EL in Streifen geschnittenes
  Basilikum
1 TL gehackter Thymian
1 Knoblauchzehe, zerdrückt
1 TL Zucker

Die Kartoffeln kochen oder dämpfen, bis sie weich sind; abgießen. 10 Minuten abkühlen lassen, dann schälen und zerdrücken. Das Kartoffelpüree in eine große Schüssel geben. Eigelb, Parmesan, Salz und etwas schwarzen Pfeffer untermischen. Nach und nach das Mehl unterarbeiten, bis ein leicht klebriger Teig entstanden ist. Den Teig etwa 5 Minuten mit den Händen kneten (falls nötig, mehr Mehl dazugeben), bis er glatt ist. Anschließend in vier Portionen teilen, jede Portion zu einer etwa 2 cm dicken Rolle formen. Die Rollen in 2,5 cm dicke Stücke schneiden; diese zu Ovalen formen. Die Stücke nacheinander auf eine Handfläche legen und mit den Zinken einer Gabel leicht flach drücken. Bis zum Garen nebeneinander auf ein Brett legen und zudecken.

Die Zutaten für die Tomatensauce in einem Topf verrühren; salzen und pfeffern. Aufkochen und unter gelegentlichem Rühren 30 Minuten köcheln lassen. Abkühlen lassen, dann pürieren und, falls nötig, noch einmal erhitzen.

Gnocchi portionsweise in sprudelnd kochendem Salzwasser je etwa 2 Minuten garen, bis sie an die Oberfläche steigen. Mit einem Schaumlöffel herausheben und abtropfen lassen. Unter die Sauce mischen. Mit Parmesan bestreuen und servieren.

Zucchinipuffer mit Gurken-Joghurt-Sauce

Für 4 Personen als Vorspeise
oder Beilage

Gurken-Joghurt-Sauce
1 Salatgurke, fein gewürfelt
250 g griechischer Sahnejoghurt
1 kleine Knoblauchzehe, zerdrückt
1 EL gehackter Dill
2 TL Weißweinessig

Zucchinipuffer
300 g Zucchini, geraspelt
1 kleine Zwiebel, fein gewürfelt
3 EL Mehl
4 EL geriebener Parmesan
1 EL gehackte Minze
2 TL gehackte Petersilie
1 Prise geriebene Muskatnuss
3 EL Semmelbrösel
1 Ei, verquirlt

Olivenöl, zum Braten
Rucola, zum Anrichten

Die Gurkenwürfel in ein Sieb geben, mit Salz bestreuen und über einer Schüssel 15–20 Minuten Wasser ziehen lassen. Den Joghurt in einer Schüssel mit Knoblauch, Dill und Essig glatt rühren. Die Gurkenwürfel untermischen. Die Sauce mit Salz und Pfeffer abschmecken, zudecken und kalt stellen.

Den Backofen auf 120 °C vorheizen. Zucchiniraspel und Zwiebelwürfel auf ein sauberes Geschirrtuch geben. Das Tuch zusammendrehen und so viel Saft wie möglich aus dem Gemüse drücken. Zucchini und Zwiebel in eine große Schüssel füllen. Mehl, Backpulver, Käse, Minze, Petersilie, Muskat, Semmelbrösel und Ei sowie Salz und Pfeffer (nach Geschmack) hinzufügen. Alles mit den Händen zu einem Teig verarbeiten.

In einer großen Pfanne 1 cm hoch Öl bei mittlerer Hitze heiß werden lassen. Pro Puffer 2 EL Teig in die Pfanne geben und flach drücken. Mehrere Puffer auf einmal je 2–3 Minuten braten, bis sie goldbraun sind. Auf Küchenpapier abtropfen lassen, dann im Backofen warm halten. Die heißen Puffer mit Rucola und der kalten Gurken-Joghurt-Sauce auf Tellern anrichten; servieren.

Brokkolisoufflé

60 g Brokkoliröschen
2 EL Olivenöl, mehr für die Form
40 g Butter
1 Zwiebel, fein gewürfelt
1 Knoblauchzehe, zerdrückt
400 g Magerquark
50 g Parmesan, gerieben
5 Eigelb, verquirlt
1 Prise geriebene Muskatnuss
1 Prise Cayennepfeffer
5 Eiweiß
3 EL Semmelbrösel

Den Backofen auf 190 °C vorheizen. Die Brokkoliröschen in sprudelnd kochendem Salzwasser 4 Minuten garen; abgießen und fein hacken.

Das Olivenöl mit der Butter in einer Pfanne bei mittlerer Hitze heiß werden lassen. Die Zwiebelwürfel darin mit dem Knoblauch in etwa 5 Minuten glasig dünsten. In eine Schüssel geben. Brokkoli, Quark, Parmesan, Eigelbe, Muskat und Cayennepfeffer sowie Salz und Pfeffer (nach Geschmack) hinzufügen und alles zu einer glatten Masse verrühren.

Die Eiweiße in einer sauberen, fettfreien Schüssel mit 1 Prise Salz zu steifem Schnee schlagen. Zuerst ein Drittel vom Eischnee unter die Brokkolimasse rühren, um sie aufzulockern, dann den restlichen Eischnee unterheben.

Eine Souffléform (1 l Inhalt) fetten und mit den Semmelbröseln ausstreuen; überschüssige Brösel herausschütten. Die Soufflémasse in die Form füllen. Im heißen Ofen 35–40 Minuten backen, bis das Soufflé aufgegangen und goldbraun ist. Sofort servieren.

Indischer Gemüsetopf mit Erbsen

Für 4–6 Personen

165 g gelbe Spalterbsen
5 cm frischer Ingwer, gerieben
2–3 Knoblauchzehen, zerdrückt
1 rote Chilischote, von den Samen
befreit, gehackt
3 Tomaten
2 EL Öl
1 TL gelbe Senfsamen
1 TL Kreuzkümmelsamen
1 TL gemahlener Kreuzkümmel
½ TL Garam Masala
1 rote Zwiebel, in dünne Spalten
geschnitten
3 schlanke Auberginen, in dicke
Scheiben geschnitten
2 Möhren, in dicke Scheiben
geschnitten
¼ Blumenkohl, in Röschen geteilt
375 ml Gemüsebrühe
2 kleine Zucchini, in dicke Scheiben
geschnitten
100 g TK-Erbsen
1 große Handvoll Koriandergrün

Die Erbsen in eine Schüssel geben, mit Wasser bedecken und 2 Stunden einweichen; abgießen, dann mit Ingwer, Knoblauch, Chili und 750 ml Wasser in einen großen Topf schütten. Aufkochen und 45 Minuten köcheln lassen, bis die Erbsen weich sind.

Inzwischen die Tomaten unten kreuzförmig einritzen. Für 30 Sekunden in kochendes Wasser geben, dann in kaltem Wasser abschrecken. Häuten, halbieren, von den Samen befreien und würfeln.

Das Öl in einem großen Topf bei mittlerer Hitze heiß werden lassen. Die Gewürze darin etwa 30 Sekunden rösten, bis Duft aufsteigt. Die Zwiebelspalten hinzufügen und in etwa 2 Minuten weich dünsten. Tomaten, Auberginen, Möhren und Blumenkohl untermischen.

Die gegarten Erbsen dazugeben und alles unter gelegentlichem Rühren zugedeckt 20 Minuten köcheln lassen, bis das Gemüse weich ist. 10 Minuten vor Ende der Garzeit die Zucchini und die gefrorenen Erbsen unterrühren. Vor dem Servieren das Koriandergrün unter das Gericht mischen.

Curry-Auberginen aus dem Wok

Für 4 Personen als Beilage

2 EL Öl
1/2–1 lange grüne Chilischote, in dünne
  Ringe geschnitten
4 rote Schalotten, gewürfelt
2 Knoblauchzehen, in dünne Scheiben
  geschnitten
2 EL milde Currypaste
350 g schlanke Auberginen, schräg
  in 1 cm dicke Scheiben geschnitten
3 Tomaten, längs geachtelt
100 g junger Blattspinat

Den Wok bei starker Hitze heiß werden lassen. Das Öl hineingeben und durch Schwenken verteilen. Chili, Schalotten und Knoblauch darin 1 Minute pfannenrühren. Currypaste hinzufügen; alles 1 weitere Minute rühren.

Die Auberginen in den Wok geben und etwa 3 Minuten pfannenrühren, bis sie weich werden. Die Tomaten und 125 ml Wasser hinzufügen. Alles unter gelegentlichem Rühren 10 Minuten zugedeckt garen, bis die Auberginen-scheiben weich sind. Den Spinat unterheben und in etwa 1 Minute zusammenfallen lassen. Das Gericht sofort servieren.

Gemüsetopf mit Polentahaube

Für 6 Personen

2 Auberginen, in dicke Scheiben
  geschnitten
350 ml Gemüsebrühe
150 g feiner Maisgrieß (Polenta)
50 g Parmesan, gerieben
1 EL Olivenöl, mehr zum Bestreichen
1 große Zwiebel, gewürfelt
2 Knoblauchzehen, zerdrückt
1 große rote Paprikaschote, gewürfelt
2 Zucchini, in dicke Scheiben
  geschnitten
150 g Champignons, geviertelt
1 Dose gehackte Tomaten (400 g)
3 TL Balsamico-Essig

Auberginenscheiben mit Salz bestreuen. 15 Minuten Wasser ziehen lassen; abspülen, trocken tupfen und würfeln. Eine runde Backform (24 cm Ø) mit Alufolie auskleiden. Die Brühe mit 300 ml Wasser in einen Topf geben und aufkochen lassen. Polenta unter Rühren einrieseln lassen. 5 Minuten rühren, bis der Grieß die Flüssigkeit aufgenommen hat und die Masse sich vom Topfboden löst. Vom Herd nehmen und den Käse untermischen. Rühren, bis sich der Käse aufgelöst hat. Die Masse in die Form streichen; kalt stellen und fest werden lassen.

Den Backofen auf 200 °C vorheizen. Das Öl in einem großen Topf erhitzen. Zwiebelwürfel darin unter gelegentlichem Rühren in etwa 3 Minuten glasig dünsten. Den Knoblauch hinzufügen und 1 Minute mitdünsten. Auberginen, Paprika, Zucchini, Pilze und Tomaten hinzufügen. Aufkochen und zugedeckt 20 Minuten unter gelegentlichem Rühren köcheln lassen; Essig unterrühren.

Die Polenta aus der Form auf eine Platte stürzen, Folie abziehen. Gemüsemischung abschmecken und in die Backform füllen. Polenta in 12 Stücke schneiden (wie eine Torte), die Stücke auf der Gemüsemischung zusammensetzen und mit Öl bestreichen. Das Ganze im Ofen 20 Minuten backen, bis die Polenta knusprig ist.

Tofu mit Sojasauce

Für 4 Personen

2 EL Sojasauce
2 EL Ketjap manis (süße indonesische
 Sojasauce)
1 TL Sesamöl
500 g fester Tofu, abgetropft
1½ TL in dünne Streifen geschnittener
 frischer Ingwer
3 Frühlingszwiebeln, schräg in dünne
 Ringe geschnitten
1 große Handvoll Koriandergrün,
 gehackt
1–2 EL Röstschalotten (Fertigprodukt)

Die Sojasauce in einer Schüssel mit
Ketjap manis und Sesamöl verrühren.
Den Tofu quer halbieren, die Hälften
in Dreiecke schneiden. Die Stücke auf
einen hitzebeständigen Teller geben
und mit der Sauce begießen. 30 Minuten marinieren, dabei einmal wenden.

Den Tofu mit dem Ingwer bestreuen.
Den Teller auf einem Gitter in den Wok
über kochendes Wasser setzen. Den
Tofu zugedeckt 3–4 Minuten dämpfen. Mit Frühlingszwiebelringen und
Koriandergrün bestreuen und weitere
3 Minuten dämpfen. Anschließend
mit den Röstschalotten garnieren und
sofort servieren.

Süßes

Brotauflauf mit Datteln

Für 4–6 Personen

8 Scheiben Weißbrot
30 g weiche Butter, mehr für die Form
4 EL Zucker
2 TL gemahlener Zimt oder Leb-
    kuchengewürz
100 g entsteinte getrocknete Datteln,
    gehackt
3 Eier
1 TL abgeriebene unbehandelte
    Zitronenschale
250 g Sahne, mehr zum Servieren
250 ml Milch
75 g Aprikosenkonfitüre

Eine eckige Backform dünn ausbut-
tern. Die Brotscheiben mit der Butter
bestreichen und jede Scheibe in vier
Dreiecke schneiden. In einer kleinen
Schüssel 2 EL Zucker mit Zimt oder
Lebkuchengewürz mischen. Die Hälfte
der Brotstücke in die Form legen. Mit
den gehackten Datteln und der Hälfte
der Zuckermischung bestreuen. Das
restliche Brot dachziegelartig darauflegen und mit der restlichen Zuckermischung bestreuen.

Den Backofen auf 180 °C vorheizen.
Ein tiefes Backblech in den Ofen
schieben und halb hoch mit heißem
Wasser füllen.

Die Eier in einer großen Schüssel mit
dem restlichen Zucker (2 EL) und der
Zitronenschale verquirlen. Die Milch
mit der Sahne in einem kleinen Topf
aufkochen lassen. Sofort mit einem
Schneebesen unter die Eimischung
schlagen; auf die Brotscheiben gießen. Das Ganze 20 Minuten durchziehen lassen, dann locker mit Alufolie
bedecken. Den Auflauf im heißen
Wasserbad 15 Minuten backen. Folie
entfernen, den Auflauf weitere 15 Minuten backen, bis er gebräunt ist.

Die Konfitüre in einem kleinen Topf
erwärmen. Den Auflauf damit bestreichen; weitere 5 Minuten backen. Mit
Sahne servieren.

Pfirsiche mit Amaretti-Füllung

Für 6 Personen

20 g kalte Butter, in Stückchen,
  mehr für die Form
6 reife Pfirsiche
50 g Amaretti (italienisches Mandel-
  gebäck), zerbröselt
1 Eigelb
2 EL Zucker, mehr zum Bestreuen
3 EL gemahlene Mandeln
2 TL Amaretto
3 EL Weißwein

Den Backofen auf 180 °C vorheizen. eine Auflaufform (30 x 25 cm) dünn mit Butter fetten.

Die Pfirsiche halbieren und entsteinen; Die Mulden in den Pfirsichhälften mit einem kleinen Messer etwas vergrößern. Das entnommene Fruchtfleisch mit Amaretti, Eigelb, Zucker, Mandeln und Amaretto in eine Schüssel geben und alles gut mischen.

Füllung auf die Pfirsichhälften verteilen. Die Pfirsichhälften mit den Schnittflächen nach oben in die Form setzen. Mit Wein beträufeln, mit Zucker bestreuen und mit Butterflöckchen belegen. Im heißen Ofen 20–25 Minuten backen; warm servieren.

Tipp: Anstelle der Pfirsiche können Sie vollreife Nektarinen oder Aprikosen auf diese Art zubereiten.

Crêpes mit Ricottafüllung und Orangensauce

Für 4 Personen

1 Ei, verquirlt
325 ml Milch
85 g Mehl
weiche Butter, zum Backen

Ricottafüllung
3 EL Rosinen
250 ml Orangensaft
200 g Ricotta (ersatzweise
 Sahnequark)
1 TL abgeriebene unbehandelte
 Orangenschale
1 Päckchen Vanillezucker

Orangensauce
50 g Butter
3 EL Zucker
1 EL Grand Marnier oder anderer
 Orangenlikör

Ei und Milch in einer Schüssel mit dem Mehl und 1 Prise Salz verquirlen. Den Teig zudecken und 30 Minuten quellen lassen. Eine Pfanne (16 cm Ø) bei mittlerer Hitze heiß werden lassen und mit Butter auspinseln. 3 EL Teig in die Pfanne geben und durch Schwenken verteilen. 1–2 Minuten backen, bis die Unterseite Farbe angenommen hat, dann wenden und noch 30 Sekunden backen; auf einen Teller gleiten lassen. Auf diese Weise sieben weitere Crêpes backen.

Den Backofen auf 160 °C vorheizen. Für die Füllung die Rosinen 15 Minuten im Orangensaft einweichen; abgießen, den Saft auffangen. Den Ricotta in einer Schüssel mit Rosinen, Orangenschale und Vanillezucker verrühren. Die Füllung seitlich auf die Crêpes geben. Die Crêpes zu Dreiecken zusammenfalten, auf vier backofenfeste Teller verteilen und im heißen Ofen 10 Minuten backen.

Inzwischen für die Sauce die Butter in einem Topf bei schwacher Hitze zerlassen. Zucker und aufgefangenen Saft hinzufügen; rühren, bis sich der Zucker aufgelöst hat. Sauce aufkochen und bei schwacher Hitze 10 Minuten köcheln lassen. Likör untermischen, die Sauce 3–4 Minuten abkühlen lassen. Die warmen Crêpes mit der Sauce begießen; sofort servieren.

Schokoküchlein

Für 4 Personen

1 EL zerlassene Butter
125 g Zucker
150 g Bitterschokolade, gehackt
125 g Butter
3 Eier
30 g Mehl
Vanilleeiscreme, zum Servieren

Den Backofen auf 180 °C vorheizen. Vier ofenfeste Förmchen (je 250 ml Inhalt) mit der Butter ausfetten und mit 1 EL Zucker ausstreuen.

Die zerkleinerte Schokolade mit der Butter in einer Metallschüssel auf dem heißen Wasserbad unter häufigem Rühren schmelzen lassen. Achtung: Der Schüsselboden darf das Wasser nicht berühren.

Die Eier mit dem restlichen Zucker in einer Schüssel mit den Quirlen des elektrischen Handrührgeräts hell und cremig schlagen. Das Mehl daraufsieben und unterarbeiten. Die Schokoladenmischung unterrühren.

Den Teig in die vorbereiteten Förmchen füllen; Förmchen auf ein Backblech stellen. Die Küchlein im heißen Ofen 30–35 Minuten backen, bis sie sich fest anfühlen. Aus dem Ofen nehmen und in den Förmchen 10 Minuten abkühlen lassen, dann auf Dessertteller stürzen; falls sie sich nicht leicht lösen lassen, mit einem Messer innen am Förmchenrand entlangfahren (wer mag kann die Küchlein auch in den Förmchen servieren). Zu den Schokoküchlein Vanilleeis servieren.

Bananen-Pflaumen-Crumble

Für 4–6 Personen

30 g Mehl
50 g Haferflocken
30 g Kokosraspel
40 g Zucker
abgeriebene Schale von 1 unbehandelten Limette
100 g kalte Butter, in Stückchen
2 Bananen, geschält, längs halbiert
4 große Pflaumen, halbiert, entsteint
50 ml Limettensaft

Den Backofen auf 180 °C vorheizen. Das Mehl in einer Schüssel mit Haferflocken, Kokosraspeln, Zucker und Zitronenschale mischen. Die Butter hinzufügen und alles mit den Fingerspitzen zu Streuseln verreiben.

Bananen und Pflaumen in eine ofenfeste Form (1,25 l Inhalt) geben und mit dem Limettensaft beträufeln; darin wenden, bis sie vom Saft überzogen sind. Das Obst mit den Streuseln bestreuen. Im Ofen 25–30 Minuten backen, bis die Streusel goldbraun sind; heiß servieren. Dazu passen Eiscreme oder geschlagene Sahne.

Möhrenkuchen mit Frischkäseguss

Für 8–10 Personen

250 ml Öl, mehr für die Form
300 g Mehl
2 TL Backpulver
2 TL gemahlener Zimt
1 TL geriebene Muskatnuss
150 g brauner Zucker
1 Möhre (etwa 200 g), geraspelt
4 Eier
250 g saure Sahne

Frischkäseguss
3 EL Doppelrahmfrischkäse, cremig
  gerührt
20 g weiche Butter
1 TL abgeriebene unbehandelte
  Orangenschale
2 TL Orangensaft
125 g Puderzucker

Den Backofen auf 160 °C vorheizen. Eine Springform (22 cm Ø) mit Öl ausfetten und den Boden der Form mit Backpapier belegen.

Das Mehl mit Backpulver, Zimt und Muskat in eine große Schüssel sieben. Zucker und Möhren untermischen.

Die Eier in einer Schüssel mit saurer Sahne und Öl verquirlen. Die Mehlmischung unterrühren. Die Masse in die vorbereitete Form füllen und glatt streichen. 1 Stunde backen, dann zur Garprobe ein Holzstäbchen in die Mitte des Kuchens stecken. Haftet nach dem Herausziehen kein Teig daran, ist der Kuchen gar. Den Kuchen aus dem Ofen nehmen und 10 Minuten in der Form abkühlen lassen, dann auf ein Kuchengitter stürzen und auskühlen lassen.

Für den Guss den Frischkäse mit den Quirlen des elektrischen Handrührgeräts in einer Schüssel mit Butter, Orangenschale und Orangensaft cremig schlagen. Nach und nach den Puderzucker untermischen. Den Kuchen mit der Creme bestreichen und zum Servieren in Stücke schneiden.

Zitruspudding mit kandierten Zitronen

Für 6 Personen

4 Eier
2 Eigelb
175 g Zucker
100 ml Zitronensaft
2½ EL Limettensaft
abgeriebene Schale von 2 unbehandelten Limetten
300 g Sahne
Mini-Baisers und geschlagene Sahne, zum Servieren

Kandierte Zitronen
115 g Zucker
1 unbehandelte Zitrone, in dünne Scheiben geschnitten

Backofen auf 160 °C vorheizen. Das tiefe Backblech mit einem Geschirrtuch auslegen und darauf sechs Auflaufförmchen (je 185 ml Inhalt) stellen.

Eier, Eigelbe und Zucker mit einem Schneebesen verrühren, bis eine helle Creme entstanden ist. Erst den Zitronensaft, den Limettensaft und die Limettenschale, dann die Sahne untermischen. Die Masse auf die Förmchen verteilen und so viel kochend heißes Wasser in das Backblech gießen, dass die Förmchen halb hoch darin stehen. Die Masse etwa 30 Minuten backen, bis sie gerade eben gestockt ist. Die Förmchen aus dem Blech nehmen. Die Puddinge abkühlen, dann im Kühlschrank auskühlen lassen.

In der Ziwschenzeit für die kandierten Zitronen den Zucker mit 125 ml Wasser in einen Topf geben. Bei mittlerer bis starker Hitze rühren, bis sich der Zucker aufgelöst hat. Zitronenscheiben hinzufügen. Alles aufkochen, dann bei mittlerer Hitze, ohne zu rühren, 5–10 Minuten köcheln lassen, bis der Sirup etwas eingekocht ist. Vom Herd nehmen und abkühlen lassen; bis zum Servieren kalt stellen.

Auf jeden Pudding eine kandierte Zitronenscheibe legen und etwas Sirup darüberträufeln. Mit Mini-Baisers und geschlagener Sahne servieren.

Britischer Pudding mit Baiserhaube

Für 6 Personen

50 g Butter, mehr für die Form
500 ml Milch
150 g frische Brotkrumen
140 g Zucker
abgeriebene Schale von 1 unbehandelten Orange
5 Eier, getrennt
200 g Orangenmarmelade
1 TL Honig
geschlagene Sahne, zum Servieren

Den Backofen auf 180 °C vorheizen. Eine rechteckige Auflaufform (1,25 l Inhalt) dünn mit Butter fetten.

Die Milch mit der Butter in einem Topf erhitzen, bis die Butter geschmolzen ist. Brotkrumen, 1 EL Zucker und die Orangenschale in eine Schüssel geben. Die Milchmischung unterrühren und die Masse etwa 10 Minuten quellen lassen.

Die Eigelbe verquirlen; unter die Brotkrumenmischung rühren. Die Masse in die vorbereitete Form geben. Im heißen Ofen 25–30 Minuten backen, bis sie sich fest anfühlt.

Die Marmelade mit dem Honig in einen Topf geben. Bei schwacher Hitze rühren, bis sie geschmolzen ist, dann auf dem Pudding verteilen.

Die Eiweiße in einer sauberen, fettfreien Schüssel zu steifem Schnee schlagen. Nach und nach den restlichen Zucker unter ständigem Schlagen einrieseln lassen; weiterschlagen, bis der Zucker sich aufgelöst hat und die Baisermasse steif und glänzend ist. Die Baisermasse auf dem Pudding verteilen und das Ganze 12–15 Minuten backen, bis die Baiserhaube gebräunt ist. Den Pudding warm mit geschlagener Sahne servieren.

Gewürz-Orangen

Für 4 Personen

250 ml Orangensaft, gesiebt
2 EL Zucker
4 Sternanis
2 Zimtstangen, halbiert
4 Orangen, geschält, in 1 cm dicke
  Scheiben geschnitten
Vanilleeiscreme, zum Anrichten

Orangensaft mit Sternanis und Zimt in eine Pfanne mit hohem Rand geben. Bei schwacher Hitze etwa 3 Minuten rühren, bis der Zucker sich aufgelöst hat und der Saft sirupartig ist.

Die Orangenscheiben hinzufügen und 7 Minuten im köchelnden Sirup ziehen lassen, bis sie etwas weicher geworden und von Sirup überzogen sind. Die Scheiben heiß mit Sirup und Vanilleeis in Dessertgläsern anrichten; sofort servieren.

Warmer Orangenkuchen

Für 4–6 Personen

60 g weiche Butter, mehr für die Form
175 g Zucker
3 Eier, getrennt
125 ml Orangensaft
250 ml Milch
60 g Mehl
2 EL abgeriebene unbehandelte
  Orangenschale
Vanilleeiscreme, zum Servieren

Den Backofen auf 180 °C vorheizen. Eine Auflaufform (1,25 l Inhalt) mit Butter fetten.

Die Butter mit dem Zucker in einer Schüssel mit dem elektrischen Handrührgerät hell und cremig schlagen. Die Eigelbe nacheinander untermischen; das nächste erst dazugeben, wenn das vorherige untergearbeitet ist. Saft, Milch, Mehl und Orangenschale hinzufügen und unterrühren.

Die Eiweiße in einer sauberen, fettfreien Schüssel zu steifem Schnee schlagen. Den Eischnee unter den Teig heben. Die Mischung in die Form geben. Die Form in ein tiefes Backblech stellen. In das Blech so viel heißes Wasser füllen, bis die Form halb hoch darin steht. Den Kuchen 40–45 Minuten backen, bis er goldbraun und aufgegangen ist (sollte er zu schnell bräunen, Alufolie darauflegen). Heiß oder warm mit Vanilleeis servieren.

Karamell-Apfelmousse

Für 4 Personen

50 g Butter
60 g Zucker
170 g Butter
500 g Äpfel, geschält, von den Kerngehäusen befreit, in dünne Spalten
geschnitten
2 Eier, getrennt

Die Butter mit dem Zucker in eine Pfanne geben. Bei schwacher Hitze rühren, bis der Zucker sich aufgelöst hat. Die Mischung unter häufigem Rühren bei mittlerer Hitze köcheln lassen, bis sie sich hell goldbraun färbt. 2 EL Sahne untermischen.

Die Apfelspalten hinzufügen und unter häufigem Rühren 10–15 Minuten in dem Karamell dünsten. Acht Apfelspalten herausheben und für die Garnitur beiseitelegen.

Die restlichen Apfelspalten mit dem Karamell in der Küchenmaschine glatt pürieren. Das Püree in eine große Schüssel füllen und die Eigelbe untermischen; abkühlen lassen.

Die Eiweiße in einer sauberen, fettfreien Schüssel zu nicht zu steifem Schnee schlagen. Den Eischnee unter die Apfelmischung heben. Die Mousse in eine Servierschüssel füllen oder auf vier Dessertschalen verteilen. In 3 Stunden im Kühlschrank fester werden lassen. Mit den restlichen Apfelspalten servieren.

Süßes Fladenbrot mit Rosinen und Trauben

Für 6–8 Personen

300 g Mehl, mehr zum Arbeiten
½ Würfel Hefe (21 g)
80 g Zucker, mehr zum Bestreuen
150 ml lauwarme Milch
100 g Rosinen
100 ml Marsala
400 g kleine dunkle kernlose Trauben

Das Mehl in eine Schüssel geben. In die Mitte eine Mulde drücke. Hefe híneinbröckeln, 1 Prise Salz und 1 TL Zucker darüberstreuen. Etwas lauwarme Milch dazugeben. Die Hefe unter Rühren auflösen, dabei etwas Mehl untermischen. Zugedeckt 30 Minuten gehen lassen. Inzwischen die Rosinen im Marsala einweichen.

Restliche Milch und restlichen Zucker zu Hefeansatz und Mehl geben. Alles mit den Händen zu einem glatten Teig verkneten, falls nötig mehr Mehl hinzufügen. Den Teig mindestens 30 Minuten gehen lassen, bis er sein Volumen verdoppelt hat. Anschließend auf einer bemehlten Arbeitsfläche 6–8 Minuten kräftig kneten, bis er weich und elastisch ist. Rosinen abtropfen lassen. Ein Backblech mit Mehl bestreuen.

Den Teig halbieren und jede Hälfte zu einem 20 cm großen Kreis ausrollen. Eine Teighälfte auf das Backblech legen und mit der Hälfte der Trauben und der Rosinen bestreuen. Alles mit der anderen Teighälfte bedecken, die restlichen Trauben und Rosinen daraufstreuen. Den Fladen mit einem Tuch bedecken und noch 1 Stunde gehen lassen.

Den Backofen auf 180 °C vorheizen. Den Fladen mit Zucker bestreuen und in 40–50 Minuten goldbraun backen.

Orangen-Reiskuchen mit Aprikosen

Für 8 Personen

200 g getrocknete Aprikosen
300 g Zucker
125 ml süßer Sherry
1 l Milch
200 g Risottoreis (z. B. Arborio)
1 Lorbeerblatt
Butter für die Form
200 g Ricotta (ersatzweise
  Sahnequark)
2½ TL abgeriebene unbehandelte
  Orangenschale
4 Eier, verquirlt
1 Päckchen Vanillezucker
50 g gehobelte Mandeln
Puderzucker, zum Bestäuben

Die Aprikosen 1 Stunde in 600 ml heißem Wasser einweichen. Anschließend mit 100 g Zucker und dem Sherry in einen Topf geben; aufkochen und 20 Minuten köcheln lassen, bis die Aprikosen sehr weich sind. Abkühlen lassen, in ein Sieb schütten und die Flüssigkeit auffangen.

Milch, Reis und Lorbeer in einen Topf geben. Bei mittlerer bis schwacher Hitze 15–20 Minuten köcheln lassen, bis der Reis weich ist und die meiste Flüssigkeit aufgenommen hat. Zudecken und 20 Minuten ruhen lassen.

Den Backofen auf 170 °C vorheizen. Eine Springform (20 cm Ø) fetten und nur den Boden mit Backpapier belegen. Die Form mit Alufolie umhüllen, damit nichts heraustropfen kann. Den Ricotta in einer Schüssel mit Orangenschale, Eiern, dem restlichen Zucker und Vanillezucker glatt rühren. Das Ganze unter die Reismischung heben. Die Hälfte der Masse in die Form gießen. Die Aprikosen darauf verteilen. Die restliche Masse daraufstreichen und mit den Mandeln bestreuen.

Die Form in das tiefe Backblech stellen. Mit Wasser auffüllen, bis die Form halb hoch darin steht. Den Kuchen 50 Minuten backen. In der Form abkühlen lassen. Zum Servieren mit Puderzucker bestreuen.

Erdbeeren mit Balsamico

Für 4–6 Personen

1 kg vollreife kleine Erdbeeren
3 EL Zucker
2 EL Balsamico-Essig
Mascarpone, zum Anrichten

Die Erdbeeren waschen, gut abtropfen lassen und putzen. Große Exemplare längs halbieren.

Die Erdbeeren in einer Schüssel mit dem Zucker mischen. Mit Frisch-haltefolie bedecken und 30 Minuten durchziehen lassen. Anschließend mit dem Balsamico mischen; zudecken und weitere 30 Minuten marinieren.

Die Erdbeeren auf Dessertschalen verteilen, mit dem Sirup beträufeln und mit Mascarpone krönen; servieren.

Bratäpfel mit Trockenobst und Gewürzen

Für 4 Personen

zerlassene Butter für die Form
4 Äpfel (z. B. Boskop)
3 EL brauner Zucker
3 EL gehackte getrocknete Feigen
3 EL gehackte getrocknete Aprikosen
3 EL gehobelte Mandeln
1 EL Aprikosenkonfitüre
¼ TL gemahlener Kardamom
¼ TL gemahlener Zimt
30 g kalte Butter, in Stückchen
geschlagene Sahne, Vanillepudding
   oder Vanilleeiscreme, zum Servieren

Den Backofen auf 180 °C vorheizen. Eine quadratische Auflaufform mit hohem Rand mit Butter fetten. Den Zucker in einen tiefen Teller geben.

Die Äpfel schälen, die Kerngehäuse ausstechen und die Äpfel vorsichtig im Zucker wälzen. Die Feigen in einer Schüssel mit Aprikosen, Mandeln, Konfitüre und Gewürzen mischen.

Die Feigenmischung auf die Äpfel verteilen. Die Äpfel in die Form setzen und mit Butterstückchen belegen.

Die Äpfel im heißen Ofen 35–40 Minuten backen, bis sie weich sind. Warm mit geschlagener Sahne, Vanillepudding oder Vanilleeiscreme servieren.

Tipp: Diese Bratäpfel schmecken am besten frisch aus dem Ofen.

Rhabarber-Apfel-Tarte

Für 6 Personen

185 g Mehl
2 EL Puderzucker
125 g kalte Butter, in Stückchen, mehr
  für die Form
1 Eigelb, mit 1 EL eiskaltem Wasser
  verquirlt

Belag
220 g Zucker, mehr zum Bestreuen
750 g Rhabarber, in kleine Stücke
  geschnitten
2 große Äpfel, geschält, von den
  Kerngehäusen befreit, gewürfelt
2 TL abgeriebene unbehandelte
  Zitronenschale
3 Stücke Ingwer in Sirup, abgetropft,
  in Scheiben geschnitten
gemahlener Zimt, zum Bestreuen
Puderzucker, zum Bestäuben (nach
  Belieben)

Das Mehl mit dem Puderzucker und
1 Prise Salz in eine Schüssel sieben.
Die Butter hinzufügen und alles mit
den Fingerspitzen zu Streuseln verreiben. In die Mitte eine Mulde drücken.
Das Eigelb hineingeben und die
Zutaten rasch zu einem Teig verkneten. Den Teig zu einer Kugel formen,
etwas flach drücken, in Frischhaltefolie
wickeln und 30 Minuten kalt stellen.

In der Zwischenzeit den Backofen auf
190 °C vorheizen. Eine Spring- oder
Tarteform (20 cm Ø) dünn mit Butter
fetten. Den Teig auf einer dünn bemehlten Arbeitsfläche zu einem 35 cm
großen Kreis ausrollen. Diesen in die
Form legen, den Rand überhängen
lassen; kalt stellen.

Für den Belag in einem Topf 125 ml
Wasser mit dem Zucker erhitzen.
4–5 Minuten köcheln lassen, bis die
Flüssigkeit sirupartig ist. Rhabarber,
Äpfel, Zitronenschale und Ingwer
hineingeben. Zugedeckt 5 Minuten
köcheln lassen, bis der Rhabarber
weich ist, aber nicht auseinanderfällt;
die Flüssigkeit abgießen und ander-
weitig verwenden (z. B. als Basis für
ein Erfrischungsgetränk). Die Rhabar-
bermischung abkühlen lassen, dann
auf den Teigboden füllen; mit Zimt und
etwas Zucker bestreuen. Den über-
hängenden Teig über den Belag falten.
40 Minuten backen.

Crème Caramel

Für 6 Personen

250 ml Milch
250 g Sahne
400 g Zucker
4 Eier, verquirlt
1 Messerspitze gemahlene Vanille
   oder 1 Päckchen Vanillezucker

Backofen auf 200 °C vorheizen. Die Milch mit der Sahne in einem Topf bis kurz unter den Siedepunkt erhitzen.

320 g Zucker in einer Pfanne bei mittlerer Hitze unter gelegentlichem Rühren in 8–10 Minuten karamellisieren (also flüssig und goldbraun werden lassen); Klümpchen dabei mit dem Kochlöffelrücken zerdrücken. Den Karamell auf die Böden von sechs ofenfesten Förmchen (je 125 ml Inhalt) gießen – Vorsicht, er ist sehr heiß.

Die Eier in einer Schüssel mit dem restlichen Zucker und der Vanille oder dem Vanillezucker verrühren. Die Milch-Sahne-Mischung vom Herd nehmen und unter ständigem Schlagen mit einem Schneebesen zur Eiercreme gießen. Die Masse auf die Förmchen verteilen. Die Förmchen in eine ofenfeste Form stellen. So viel heißes Wasser in die Form gießen, dass die Förmchen halb hoch darin stehen. Die Crème-Caramel-Portionen etwa 20 Minuten backen, bis sie gestockt sind. Mit einem Messer innen an den Förmchenrändern entlangfahren und die Portionen auf Dessertteller stürzen.

Tipp: Lassen Sie den Zucker in der Pfanne nicht aus den Augen. Es dauert zwar eine Weile, bis er zu schmelzen beginnt, doch sobald er damit anfängt, geht alles ziemlich schnell.

Süße Bruschettas mit Ricotta und Erdbeeren

Für 4 Personen

250 g Erdbeeren
200 g Ricotta (ersatzweise
  Sahnequark)
1 EL Puderzucker, mehr zum
  Bestäuben
2 TL Orangenlikör
30 g gehobelte Mandeln, geröstet
4 dicke Scheiben Panettone, Brioche
  oder Weißbrot
2 EL brauner Zucker

Den Backofengrill vorheizen. Von den Erdbeeren vier kleine Exemplare für die Garnitur beiseitelegen. Die restlichen Beeren in 5 mm große Stücke schneiden. In eine Schüssel geben und behutsam mit Ricotta, Puderzucker, Likör und Mandeln mischen.

Die Brotscheiben auf ein Backblech legen und unter dem Grill etwa 1 Minute bräunen; aus dem Ofen nehmen. Die Scheiben wenden, mit der Erdbeermischung bestreichen und mit braunem Zucker bestreuen. Etwa 45 Sekunden grillen, bis der Zucker geschmolzen ist und der Belag gebräunt ist. Die Bruschettas mit Erdbeeren garnieren und sofort servieren.

Tiramisu

Für 6 Personen

5 Eier, getrennt
175 g Zucker
300 g Mascarpone
250 ml kalter starker Kaffee
3 EL Kahlúa oder anderer Kaffeelikör
36 Löffelbiskuits
80 g Bitterschokolade, gerieben

Die Eigelbe mit dem Zucker mit den Quirlen des elektrischen Handrührgeräts hell und cremig schlagen. Mascarpone hinzufügen und unterrühren.

Die Eiweiße in einer sauberen, fettfreien Schüssel zu nicht zu steifem Schnee schlagen. Den Eischnee unter die Mascarponecreme heben.

Den Kaffee in einer Schale mit dem Likör verrühren. Die Hälfte der Löffelbiskuits einzeln kurz in die Kaffeemischung tauchen; sie sollten gut getränkt sein, aber nicht matschig werden. Den Boden einer quadratischen Form (25 x 25 cm) dicht an dicht mit Löffelbiskuits bedecken.

Die Biskuits in der Form mit der Hälfte der Mascarponecreme bestreichen. Die restlichen Löffelbiskuits in die Kaffeemischung tauchen, auf die Creme in die Form legen und mit der restlichen Mascarponecreme bedecken; glatt streichen. Die Form mit Frischhaltefolie verschließen; für 3 Stunden oder über Nacht kalt stellen. Das Tiramisu vor dem Servieren mit geriebener Schokolade bestreuen.

Muffins mit Konfitürefüllung

Ergibt 12 Stück

75 g Butter, zerlassen, abgekühlt,
  mehr für die Form
280 g Mehl
½ Päckchen Backpulver
150 g Zucker
1 Päckchen Vanillezucker
2 Eier, verquirlt
250 ml Milch
80 g Erdbeerkonfitüre
12 kleine Erdbeeren, geputzt
Puderzucker, zum Bestäuben

Den Backofen auf 200 °C vorheizen. Die Mulden eines 12er-Muffinblechs mit Butter fetten.

Mehl und Backpulver in eine Schüssel sieben; Zucker und Vanillezucker unterrühren. Mit einem Schneebesen die Eier in einer Schüssel mit Milch und zerlassener Butter verrühren. Die trockene Mischung nach und nach unter die flüssige Mischung rühren – nicht zu kräftig rühren, die Masse darf noch Klümpchen enthalten.

Drei Viertel der Masse auf die Muffinmulden verteilen. Je 1 TL Konfitüre mittig daraufgeben und mit der restlichen Masse bedecken. Vorsichtig je eine Erdbeere in die Mitte drücken.

Die Muffins etwa 20 Minuten backen, bis sie Farbe angenommen haben. 5 Minuten in den Mulden abkühlen lassen, dann herausnehmen und auf einem Kuchengitter auskühlen lassen. Vor dem Servieren mit Puderzucker bestäuben.

Tipp: Die Muffins schmecken frisch gebacken am besten.

Ananas-Tarte-Tatin mit Ingwer

Für 6–8 Personen

200 g Mehl
1½ TL gemahlener Ingwer
200 g Butter
1 Eigelb
50 g kandierter Ingwer, gehackt
150 g Zucker
1 Ananas, geschält, längs geviertelt, vom Strunk befreit, in 5 mm dicke Scheiben geschnitten
halb steif geschlagene Sahne, zum Servieren

Mehl, gemahlenen Ingwer und 100 g Butter in der Küchenmaschine mixen, bis feine Streusel entstanden sind. Eigelb, kandierten Ingwer und 2–3 EL Wasser hinzufügen. Alles in Intervallen zu einem Teig mixen. Den Teig zu einer Kugel formen, in Frischhaltefolie wickeln und 20 Minuten kalt stellen.

Die restliche Butter (100 g) in einer Pfanne mit backofenfestem Griff (24 cm Ø) bei schwacher Hitze zerlassen. Den Zucker darin unter Rühren schmelzen. Die Mischung unter Rühren bei mittlerer Hitze goldbraun karamellisieren lassen (bevor sie glatt wird, entstehen Krümel). Bei mittlerer bis schwacher Hitze die Ananasscheiben hinzufügen. 15 Minuten garen, bis sie weich sind und die Flüssigkeit etwas eingedickt ist.

Den Backofen auf 180 °C vorheizen. Den Teig zwischen zwei Blättern Backpapier zu einem Kreis ausrollen, der etwas größer als der Durchmesser des Pfannenrandes ist. Den Teigrand nach unten in die Form drücken. Die Tarte im heißen Ofen 35–40 Minuten backen, bis der Teig gebräunt ist. Die Tarte auf eine Servierplatte stürzen, in Stücke schneiden und sofort mit Sahne servieren.

Karamellisierte Bananen

Für 4 Personen

2 EL Butter
4 feste reife Bananen, geschält,
  längs halbiert
2 EL brauner Zucker
2 EL Rum
Vanilleeiscreme, zum Anrichten

Die Butter in einer großen Pfanne bei mittlerer bis starker Hitze zerlassen. Die Bananenhälften (falls nötig, portionsweise) darin kurz unter behutsamem Wenden braten.

Den Zucker hinzufügen und in etwa 1 Minute karamellisieren lassen.

Die karamellisierten Bananen mit dem Rum beträufeln. Mit Vanilleeis auf Desserttellern anrichten; sofort servieren.

Apfel-Erdbeer-Crumble

Für 4–6 Personen

800 g Apfelkompott (Glas oder Dose)
1 EL Zucker
250 g Erdbeeren, geputzt, in Scheiben
  geschnitten
75 g Haferflocken
60 g brauner Zucker
85 g Weizenvollkornmehl
1 EL Kürbiskerne
50 g kalte Butter, in Stückchen
Vanille- oder Erdbeerjoghurt,
  zum Servieren

Den Backofen auf 180 °C vorheizen. Das Kompott in eine flache Auflaufform (1,5 l Inhalt) füllen. Zucker und Erdbeeren untermischen.

Haferflocken, braunen Zucker, Mehl und Kürbiskerne in eine Schüssel geben. Die Butter hinzufügen und alles mit den Fingerspitzen zu groben Streuseln verreiben. Die Streusel gleichmäßig auf der Apfel-Erdbeer-Mischung verteilen. Den Crumble im heißen Ofen 15–20 Minuten backen, bis die Streusel goldbraun sind. Mit Vanille- oder Erdbeerjoghurt servieren.

Polentakuchen mit Datteln und Aprikosen

Für 6–8 Personen

60 g kalte Butter, in Stückchen, mehr
  Butter für die Form
150 g Maisgrieß (Polenta)
115 g Zucker
150 g entsteinte getrocknete Datteln,
  gehackt
100 g getrocknete Aprikosen,
  gewürfelt
1 Prise geriebene Muskatnuss
1½ TL abgeriebene unbehandelte
  Zitronenschale
2 Eier, verquirlt
125 g Mehl
50 g Pinienkerne
Puderzucker, zum Bestäuben

Den Backofen auf 180 °C vorheizen. Eine Kastenform (21 x 11 cm) mit Butter ausfetten.

In einem großen Topf 500 ml Wasser aufkochen lassen. 1 Prise Salz hinzufügen, dann unter ständigem Rühren die Polenta einrieseln lassen. Bei mittlerer Hitze die Butter hinzufügen und die Polenta 1–2 Minuten weiterrühren, bis sie andickt und sich vom Topfboden löst. Vom Herd nehmen und etwas abkühlen lassen, dann die restlichen Zutaten (bis auf die Pinienkerne) untermischen.

Die Polentamasse in die vorbereitete Form füllen und mit einem angefeuchteten Löffelrücken glatt streichen. Die Pinienkerne daraufstreuen und leicht andrücken. Das Früchtebrot im heißen Ofen 40–45 Minuten backen. Zur Garprobe einen Holzspieß hineinstechen. Haftet nach dem Herausziehen kein Teig mehr daran, ist der Kuchen gar. Den Kuchen in der Form 10 Minuten abkühlen lassen, dann zum Auskühlen auf ein Gitter stürzen. Vor dem Servieren mit Puderzucker bestäuben.

Tipp: Dieser Kuchen hält sich, luftdicht verpackt, bis zu 3 Tage.

Honig-Joghurt-Zopf

Ergibt 2 Stück

650 g Weizenmehl Type 550
1 EL gemahlener Zimt
1 Päckchen Trockenhefe
1 TL Salz
3 Eier, verquirlt
250 g griechischer Sahnejoghurt
125 ml lauwarme Milch
90 g Honig
60 g zerlassene Butter, mehr für das
  Backblech
2 EL Milch

Zuckerguss
375 g Puderzucker
80 ml Zitronensaft

In einer großen Schüssel 600 g Mehl mit Zimt, Hefe und Salz mischen.
2 Eier mit Joghurt, Milch, Honig und Butter verquirlen; mit den Knethaken des Handrührgeräts unter die Mehlmischung rühren, bis sich alle Zutaten verbunden haben. Auf einer bemehlten Arbeitsfläche etwa 10 Minuten kneten, bis ein glatter, elastischer Teig entstanden ist. Den Teig in eine Schüssel. Zudecken und an einem warmen Platz 1 Stunde gehen lassen, bis er sein Volumen verdoppelt hat.

Den Teig auf einer bemehlten Arbeitsfläche kräftig durchkneten, bis er ganz weich ist. In 6 Portionen teilen, jede Portion zu einer 30 cm langen Rolle formen. Je drei Rollen zu einem Zopf flechten, die Enden darunterschieben. Die Zöpfe auf ein gefettetes Backblech legen. Zugedeckt 30 Minuten gehen lassen, bis sich ihr Volumen etwa verdoppelt hat.

Backofen auf 200 °C vorheizen. Das dritte Ei mit der Milch verquirlen, die Zöpfe damit bestreichen. 10 Minuten backen; dann bei 180 °C noch 20 Minuten backen, bis sie goldbraun sind und es beim Daraufklopfen hohl klingt.

Für den Guss Puderzucker, Zitronensaft und 2 EL heißes Wasser verrühren. Den Zuckerguss über die abgekühlten Zöpfe träufeln.

Schokopudding mit Schokosauce

Für 8 Personen

150 g weiche Butter,
  mehr für die Förmchen
175 g Zucker
100 g Bitterschokolade, geschmolzen,
  abgekühlt
2 Eier
150 g Mehl
1 TL Backpulver
30 g Kakaopulver
125 ml Milch

Schokoladensauce
50 g kalte Butter, in Stückchen
125 g Bitterschokolade
125 g Sahne

Den Backofen auf 180 °C vorheizen. Acht Auflaufförmchen (je 250 ml Inhalt) oder acht backofenfeste Tassen dünn mit Butter ausfetten. Mit den Quirlen des elektrischen Handrührgeräts die Butter mit dem Zucker hell und cremig schlagen. Unter ständigem Schlagen die geschmolzene Schokolade dazugießen. Nacheinander die Eier untermischen; das zweite Ei erst hinzufügen, nachdem das erste vollständig untergearbeitet wurde.

Mehl, Backpulver und Kakao zusammensieben; unter die Schokoladenmischung heben. Die Förmchen halb hoch mit der Masse füllen, mit gefetteter Alufolie verschließen und in ein tiefes Backblech stellen. So viel Wasser in das Blech gießen, dass die Förmchen halb hoch darin stehen. Die Puddinge 35–40 Minuten backen. Zur Garprobe einen Holzspieß hineinstechen; haftet nach dem Herausziehen keine Masse mehr daran, sind die Puddinge gar.

Die Zutaten für die Sauce in einem Topf unter Rühren erwärmen, bis Butter und Schokolade geschmolzen sind. Die Puddinge mit der Sauce begießen und mit steif geschlagener Sahne servieren.

Gestürzter Bananenkuchen

Für 8 Personen

Belag
50 g Butter, zerlassen
60 g brauner Zucker
6 große reife Bananen, geschält, längs
   halbiert

125 g weiche Butter, mehr für
   die Form
230 g brauner Zucker
2 Eier
200 g Mehl
2 TL Backpulver
2 große, sehr reife Bananen, zerdrückt

Backofen auf 180 °C vorheizen. Eine Springform (20 cm Ø) mit Butter ausfetten und mit Backpapier auskleiden.

Für den Belag die zerlassene Butter auf den Boden der Form gießen und mit dem Zucker bestreuen. Die Bananenhälften mit den Schnittflächen nach unten in einer Schicht auf den Zucker legen.

Butter und Zucker mit den Quirlen des elektrischen Handrührgeräts hell und schaumig schlagen. Die Eier jeweils einzeln unterarbeiten.

Mehl und Backpulver in eine Schüssel sieben; mit den zerdrückten Bananen unter die Buttermischung heben. Die Masse auf die Bananen in der Form geben und glatt streichen. Den Kuchen etwa 45 Minuten backen. Zur Garprobe einen Holzspieß hineinstechen. Haftet nach dem Herausziehen kein Teig mehr daran, ist der Kuchen gar. Den Kuchen 5 Minuten in der Form abkühlen lassen, dann zum Auskühlen auf ein Gitter stürzen.

Tipp: Dieser Kuchen schmeckt frisch gebacken am allerbesten.

Register

Register

Register

Register

Register

DORLING KINDERSLEY
London, New York, Melbourne, München und Delhi

Programmleitung Monika Schlitzer
Projektbetreuung Elke Homburg
Herstellungsleitung Dorothee Whittaker
Herstellung Beate Fellner

Team Murdoch Books
Verlagsleitung Juliet Rogers
Verleger Kay Scarlett, Lynn Lewis
Art Direktion Heather Menzies
Gestaltung Katy Wall
Produktion Kita George

Für Redaktionsbüro Klaeger, München
Übersetzung Regine Brams
Redaktion und Satz Cornelia Klaeger

ISBN 978-3-8310-1837-6

Printed in China

Besuchen Sie uns im Internet
www.dorlingkindersley.de